島袋 勉・栗田智美

Shimabukuro Tsutomu & Kurita Satomi

義足のランナー

ホノルルマラソン 42.195kmへの挑戦

文芸社

ホノルルマラソン、スタートより25km地点ハワイカイ付近《ふきん》で

読みながら何度も涙《なみだ》が流れました。

それは、島袋《しまぶくろ》さんの心が後ろに向くことはなく、常《つね》に前へ前へと、まっすぐにゴールへ向かう美しいランニングフォームのような〝生きる〟姿勢《しせい》だからです。

また、彼を見守る栗田《くりた》さんの優しさ、明るさにも心をうたれました。

私自身《わたしじしん》が、襟《えり》をただしたくなるような、凛《りん》とした力をいただきました。

増田明美《ますだあけみ》

カバーデザイン　中野岳人
カバー写真　　岡田　清

目次

本書は、島袋《しまぶくろ》　勉《つとむ》と、妹《いもうと》の栗田智美《くりたさとみ》が交互《こうご》に書き進める構成《こうせい》をとりました。

第一章　足が、ない！

切断事故《せつだんじこ》……………勉《つとむ》

痛《いた》い。

足の先が痛《いた》い。

足の親指が焼けるように痛《いた》い――。

私《わたし》の意識《いしき》が戻《もど》ったのは、このひどい痛《いた》みのせいだった。

二〇〇〇年一二月。私《わたし》は仕事に関連《かんれん》した視察《しさつ》のため、アメリカ旅行に出かけた。私《わたし》が沖《おき》縄《なわ》県浦添《うらそえ》市で経営《けいえい》する会社では、コンピュータのソフト開発を手がけていたが、ちょうどこのころ、日本国内でインターネットやiモードが急速に普及《ふきゅう》し始め、会社でもそうした社会の動きに対応《たいおう》すべく準備《じゅんび》を整えていた。インターネットは接続《せつぞく》さえすれば、どこでも必要《ひつよう》な情報《じょうほう》を得《え》られることはわかっていた。しかし、会社の仕事用ではなく、若者や女性など一般の人々が生活の場でどのように使用しているのかは、不明だった。私《わたし》はその様子を実際に見たかった。

それならばＩＴ先進国であるアメリカに行って、実際《じっさい》の利用状況《りようじょうきょう》を見てこよう。他人から聞く、あるいは文献《ぶんけん》で調べることより、なんでも自分の目で見て、指で触《ふ》れ、体験《たいけん》しなければ納得《なっとく》できない性格《せいかく》の私《わたし》は、年末《ねんまつ》のアメリカに飛《と》び立った。

カナダのバンクーバーでレンタカーを借《か》り、西海岸沿《ぞ》いに陸路《りくろ》を南下し、サンノゼを中心としたシリコンバレーの視察《しさつ》に重点を置《お》き、さらにメキシコへ。折《お》り返してラスベガスからソルトレークシティを経《へ》て北極圏《ほっきょくけん》のイエローナイフという街《まち》でオーロラを見て帰ってくるというのが、このときの旅程《りょてい》だった。

しかし、この旅行では思いがけないアクシデントが二つ起こった。一つは、旅行の主要《しゅよう》目的《もくてき》だったシリコンバレーの視察《しさつ》が、ちょうどクリスマス休暇《きゅうか》と重なってほとんどできなかったのだ。そしてもう一つは、イエローナイフでのできごとだ。オーロラを見に行った先で車が雪の中に埋《う》まってしまい、飛行機《ひこうき》の出発に間に合わせるため、吹雪《ふぶき》と格闘《かくとう》するはめになったのだ。雪をかき出すために悪戦苦闘《あくせんくとう》するうちに、靴《くつ》の中に入り込《こ》んだ雪で、足の指が軽度の凍傷《とうしょう》になってしまった。この二つのアクシデントがのちに、さらに大きな災《わざわ》いとなって自分の身にふりかかってくるとは、このときは思いもよらなかった。

明けて二〇〇一年四月。前年の視察《しさつ》が不十分《ふじゅうぶん》に終わったシリコンバレーを再訪《さいほう》するため、私《わたし》はロサンゼルスに向かった。前回とは違《ちが》ってサンノゼを中心にそこそこ充実《じゅうじつ》した視察旅行《しさつりょこう》ができて、成田《なりた》空港に戻《もど》ったのが四月一〇日、この日は千葉《ちば》県船橋《ふなばし》市内のホテルに一泊《いっぱく》し、翌《よく》一一日の飛行機《ひこうき》で沖縄《おきなわ》に帰る予定だった。

翌日《よくじつ》、沖縄《おきなわ》に帰るのなら、船橋《ふなばし》などに一泊《いっぱく》せず、羽田《はねだ》空港に近い都心に移動《いどう》するのが普通《ふつう》じゃないかと思われるだろう。しかし、私《わたし》には船橋《ふなばし》に泊《とま》る理由があったのだ。当時、船橋《ふなばし》市の東京湾《とうきょうわん》に面した埋《う》め立て地に、「ザウス」という名の世界最大《さいだい》の屋内人工スキー場があった（二〇〇二年閉館《へいかん》）。先にも述《の》べたように、私《わたし》には未知《みち》のものは、自分で見て触《ふ》れて確《たし》かめなければ気がすまないという、強い好奇心《こうきしん》がある。前年末《ぜんねんまつ》のオーロラ見物もそれで、このときは世界最大《さいだい》という触《ふ》れ込《こ》みの「ザウス」だったのだ。

ともあれ、私《わたし》はホテルにチェックインしたらしい。そして「ザウス」に出かけたらしい。「らしい」というのは、私《わたし》にその記憶《きおく》がまったく残《のこ》っていないからだ。私《わたし》が記憶《きおく》しているのはロサンゼルス空港の出発ロビーにいたところまでなのだ。レンタカーは確《たし》かに返した。ラウンジで搭乗《とうじょう》を待つ間、私《わたし》に笑《わら》いかけてきた子どもの顔も覚《おぼ》えている。が、飛行機《ひこうき》の中で何を食べたのか、どんな映画《えいが》が機内上映《きないじょうえい》されていたのか、いやそもそも食事をしたのか映画《えいが》を観《み》たのかさえも思い出せない。したがって成田到着《なりたとうちゃく》も当然《とうぜん》のこと、記憶《きおく》にないのだ。

なぜ？――。

四月一〇日午後一〇時五分ごろ、船橋市本町《ふなばしほんちょう》の京成電鉄《けいせいでんてつ》の船橋五号踏切《ふなばしごごうふみきり》（警報機《けいほうき》、遮断機付《しゃだんきつ》き）で、東成田《ひがしなりた》発、京成上野《けいせいうえの》行きの上り普通電車《ふつうでんしゃ》に、私《わたし》はひかれた。しかし、その記憶《きおく》もまた、ない。

この四月のアメリカ視察《しさつ》に、私《わたし》はサイズの大きな靴を履《は》き、しかも足先が五本の指状《ゆびじょう》に分かれた靴下《くつした》を履《は》いて出かけていた。前年末に罹《かか》った凍傷《とうしょう》がまだ完治《かんち》していず、指と指の間をできるだけ離《はな》しておかないと、互《たが》いの傷《きず》が癒着《ゆちゃく》してしまうという状態《じょうたい》だったのだ。車を運転するのには、それほど問題はなかったが、歩行にはいくらか不自由《ふじゆう》が生じていた。歩行時間が長くなると、なかば足を引きずるようにして歩かなければならなかった。これは推測《すいそく》になってしまうのだが、踏切内《ふみきりない》のちょっとした段差《だんさ》に、靴《くつ》が引っかかり、そのまま体の前面から転倒《てんとう》して頭部を強打し、脚部《きゃくぶ》をレール上に投げ出したまま意識《いしき》を失《うしな》っているときに、電車が差《さ》しかかったようなのだ。

京成電鉄《けいせいでんてつ》の運転事故速報《うんてんじこそくほう》によると、電車は踏切《ふみきり》の手前二〇メートルで私《わたし》に気がついたらしい。夜間のこととあって、状況説明《じょうきょうせつめい》では「外軌上《がいきじょう》に黒い物体を発見」とあり、「非常《ひじょう》処置《しょち》を執《と》った」が、「列車正面左方下部に接触《せっしょく》した」とつづいている。また「負傷程度《ふしょうていど》は、頭部打撲《だぼく》、両足切断《せつだん》」との記述《きじゅつ》がある。

のちに妹《いもうと》夫婦《ふうふ》が走りまわって警察《けいさつ》に目撃情報《もくげきじょうほう》の有無《うむ》などを問い合わせたが、事件性《じけんせい》は認《みと》められないとの判断《はんだん》だった。おそらく私《わたし》がつまずいて転び、頭の打ちどころが悪く、また倒《たお》れた姿勢《しせい》も両足がレール上に伸《の》びた状態《じょうたい》という、二重にも三重にもマイナスの要素《ようそ》が重なった、特殊《とくしゅ》な事故《じこ》だったのだろう。

痛《いた》み——足先に走る猛烈《もうれつ》な痛《いた》さで自分の状態《じょうたい》を認識《にんしき》したのは、事故《じこ》から二日後の四月一二日のことだった。ほぼ二日間、私は自分の足がないことを知らなかった。痛《いた》みで目ざめた私《わたし》は、ICU（集中治療室《しゅうちゅうちりょうしつ》）に寝《ね》かされていた。頭には包帯《ほうたい》が巻《ま》かれ、体にはいくつものチューブが張《は》り巡《めぐ》らされ、白いシーツをまとって横たわっていたのだ。そしてなにより奇妙《きみょう》な気持ちだったのは、自分がなぜこのような状態《じょうたい》になっているのかが理解《りかい》できないことだった。

さらに、足先に、左の足の親指にといった具合に、きわめて具体的《ぐたいてき》な部分にひどい痛《いた》みを感じるのだった。そして仰向《あおむ》けに寝《ね》たままでこわばった体に疲《つか》れを覚《おぼ》え、寝返《ねがえ》りをうとうとしてみると、なんと思うように体が横転してくれないのだ。いったい自分の体に何が起こっているのかと、体にかけられたシーツをまくってみると、足がなかった。このときに初《はじ》めて、私《わたし》は両足を失《うしな》ったことを知ったのだった。

兄はこれからどうなるの？…………智美《さとみ》

兄の事故《じこ》の第一報《だいいっぽう》を私《わたし》が受けたのは、四月一〇日の夜一一時近くでした。事故現場《じこげんば》から救急《きゅうきゅう》車《しゃ》で搬送《はんそう》される際《さい》に、兄のサイドポーチに入っていたパスポートで連絡先《れんらくさき》を確認《かくにん》した救急隊員《きゅうきゅうたいいん》の方が、義姉《あね》の携帯《けいたい》電話に連絡《れんらく》を入れたのです。電話を受けた義姉《あね》はすっかり驚《おどろ》いてしまい、すぐに私《わたし》たちの実家の父に連絡《れんらく》したのです。そしてその父が、長野《ながの》県の長野《ながの》市に住んでいた私《わたし》に電話をよこしたのでした。

その日の夕方、私《わたし》は実家の母から「お兄ちゃん、今日成田に着いて、明日の晩には沖縄《おきなわ》に帰るのよ」という電話をもらっていました。兄は旅行から帰ると旅先での発見や、新しく思いついたことなどを話してくれるものですから、母はいつも兄の帰りを楽しみに待っていました。私《わたし》が母に「楽しみだね」といって受話器《じゅわき》を置《お》いた、そのほんの数時間後の父からの電話でした。

父と話しておおまかにわかったことは、兄が踏切内《ふみきりない》で大事故《だいじこ》に遭《あ》い両足に大怪我《おおけが》をしたこと、加《くわ》えて頭を強く打ったらしいということ、そして緊急手術《きんきゅうしゅじゅつ》の必要《ひつよう》があるので同意をしてほしいと求《もと》められ、父が同意確認《どういかくにん》をしたということくらいでした。

すでに深夜。父も義姉《あね》も翌朝《よくあさ》の飛行機《ひこうき》に乗るまで身動きがとれません。私《わたし》のそばで電話の内容《ないよう》に聞き耳を立てていた夫《おっと》は、父との電話が終わるやいなや、「すぐに病院に向かおう」と私《わたし》をせきたて、私《わたし》は夫《おっと》の運転する車で、兄が搬送《はんそう》されたという船橋市立医療《ふなばししりついりょう》センターに向かいました。松代《まつしろ》インターから上越自動車道《じょうえつじどうしゃどう》に乗り入れて千葉《ちば》に向かいましたが、私は夕方の母との会話を思い起こすと、兄が運び込《こ》まれたという病院へ急いでいる道中が、まるで悪い夢《ゆめ》の中に放り込《こ》まれたようにも思われました。

〈どうして兄が事故《じこ》などに？〉

〈両足の大怪我《おおけが》って、切断《せつだん》しなければならないの？〉

〈踏切《ふみきり》なんかで、なぜ？〉

〈頭を打ったって、どの程度《ていど》のことなの？〉

〈兄はこれからどうなるのかしら……〉

断片的《だんぺんてき》な思いがぐるぐると頭の中を駆《か》け巡《めぐ》るだけでした。

船橋市立医療《ふなばししりついりょう》センターに着いたのは、朝の四時ごろでした。兄はまだ手術中《しゅじゅつちゅう》で、私《わたし》たちは控《ひかえ》室《しつ》に案内《あんない》されました。手術《しゅじゅつ》を終えた担当医《たんとうい》から手術《しゅじゅつ》の経過《けいか》や病状《びょうじょう》などについて説明《せつめい》をしたいと連絡《れんらく》があったのは六時半を過《す》ぎたころでした。

担当医《たんとうい》の説明《せつめい》では、兄に施《ほどこ》された手術《しゅじゅつ》は左大腿部挫傷《ひだりだいたいぶざしょう》、両足下腿切断《りょうあしかたいせつだん》、それに頭部挫傷《とうぶざしょう》の措《そ》置《ち》ということでした。左大腿部《ひだりだいたいぶ》は大人のこぶし大ぐらいにえぐられていたといい、感染症《かんせんしょう》を起こす恐《おそ》れがあるので消毒《しょうどく》、縫合《ほうごう》したというのです。両足については、右足はきれいに折《お》れてしまっており、左足は骨《ほね》も組織《そしき》もグチャグチャの状態《じょうたい》で、ともに膝下《ひざした》と足首の間で切断《せつだん》するしか処《しょ》置《ち》の方法《ほうほう》はなかったということでした。

頭部は、ちょうど前頭部の中央から少し右寄りの部分がぱっくりと割《わ》れている状態《じょうたい》だったといいます。これは洗浄《せんじょう》して縫《ぬ》い合わせたという説明《せつめい》がありました。ただ医師《いし》によると、本人に意識《いしき》はあり、名前を呼《よ》ぶと「ハイ」と反応《はんのう》をするというのです。しかし、どのようにして事故《じこ》に遭《あ》ったのかとか、どこへ行っていたのかといった質問《しつもん》には答えられないというのでした。結局《けっきょく》、頭部については今後、検査《けんさ》をしながらその経過《けいか》を調べていくという説明《せつめい》にとどまりました。

ＩＣＵのそばで医師《いし》の説明《せつめい》を受けた私《わたし》と夫《おっと》は、医師《いし》の「どうぞ」という言葉にうながされてＩＣＵに足を踏《ふ》み入れました。

〈何かの間違《まちが》いであってほしい。お兄ちゃんではなくて、ほんとうに何かしらの行き違《ちが》いであってほしい〉

そんな思いでベッドに近づいたのですが、最初《さいしょ》に目に入った光景《こうけい》に、私《わたし》の淡《あわ》い期待も吹《ふ》き飛《と》んでしまいました。

〈はっ！〉

息をのむとは、まさにこのことでした。白いシーツに覆《おお》われてベッドに横たわっている人の形の、膝《ひざ》から下の部分がペコンとへこんでいたのです。

〈足がない！〉

〈体の形が寝《ね》ているのに、足の部分がない！〉

これまでの人生で味わったことのない、いいようのない衝撃《しょうげき》が体中を走り抜《ぬ》けました。

肩先《かたさき》から膝《ひざ》の部分まで、明らかに人間の形に体をやさしく包《つつ》んでいる白いシーツが、膝下《ひざした》でいきなり量感《りょうかん》を失《うしな》って蛍光色《けいこうしょく》に輝《かがや》いている。二度、三度と息をのみ、おそるおそる顔をのぞき込《こ》んでみると、これもまた真白な包帯《ほうたい》に包《つつ》まれてわずかに露出《ろしゅつ》している目、鼻、口元は、確《たし》かに私《わたし》の兄・勉《つとむ》のものだったのです。

担当医《たんとうい》に「声をかけてもいいですか」と聞くと、「どうぞ、かけてあげてください」とのことでした。

〈お兄ちゃん〉

反応《はんのう》がありません。

〈お兄ちゃん、わかる?〉

返事はありません。

医師《いし》を振《ふ》り返り、今度は触《さ》わってもいいかと尋《たず》ねました。医師《いし》は、どうぞというようにうなずきます。

私《わたし》が兄の肩《かた》のあたりをそっとさすってみると、兄はうっすらと目を開きました。

〈お兄ちゃん、私《わたし》がだれかわかる?〉

尋《たず》ねると兄は、「うん」とうなずきました。さらに私《わたし》が自分の顔を指差《ゆびさ》して〈だれ?〉と聞くと、かすかな声で「智美《さとみ》」と答え、隣《となり》に立つ夫《おっと》を指差《ゆびさ》すと「宣明《のぶあき》くん」と確《たし》かな反応《はんのう》を返すのでした。

また、自分が病院にいることも理解《りかい》できている様子でした。

兄が私《わたし》と夫《おっと》のことを識別《しきべつ》できることに、軽い安心を覚《おぼ》えたのですが、その安心もつかのまのことでした。事故《じこ》のことを尋《たず》ねても、何が起きたのかを聞いても、兄はなんにもわかっていなかったのです。そして、ふだんは長野《ながの》に住んでいる私《わたし》たち夫婦《ふうふ》が、なぜ兄の目の前にいるのかもわからない様子なのでした。私《わたし》は、兄の頭がおかしくなってしまったと思いました。

担当医《たんとうい》は私《わたし》たち夫婦《ふうふ》のそんな疑問《ぎもん》に、頭に強い衝撃《しょうげき》を受け記憶《きおく》が飛《と》んでいるのだと説明《せつめい》してくれました。そして、「こうしたケースはよくあることです。頭がおかしくなったわけではないから安心してください」と、諭《さと》すように語ってくれました。私《わたし》は、ほんの少しだけ、ほっとしました。

やがて朝いちばんの飛行機《ひこうき》で沖縄《おきなわ》を発《た》った父と義姉《あね》が病院に着き、面会を許《ゆる》された時間に、代わるがわる兄を見守ったのでした。

幻肢痛《げんしつう》との闘《たたか》い…………勉《つとむ》

手術《しゅじゅつ》が終わった直後から、妹《いもうと》夫婦《ふうふ》と簡単《かんたん》な会話を交わしたようだが、私《わたし》にはそんな記《き》憶《おく》はまったくない。私《わたし》が病院のベッドに寝《ね》かされていると知ったのは、事故《じこ》から二日後、(すでに失《な》くなっていた)足にたいへんな痛《いた》みを覚《おぼ》えて目覚《めざ》めたときのことだ。

私《わたし》の両足が切断《せつだん》されたことは、麻酔《ますい》がさめたころから、医師《いし》や父、妹に聞かされていたというのだが、私にはその覚《おぼ》えはなかった。足を切ったといわれるたびに、私《わたし》は「はい」と返事をしていたというのだが、そんな記《き》憶《おく》はいっさいない。前にも述《の》べたように、私《わたし》が両足を失《うしな》ったことを知ったのは、足の痛《いた》みに耐《た》えられずに寝返《ねがえ》りを打とうとしてできず、シーツをまくって見た、その時だった。

その時からしばらくそうした状態《じょうたい》がつづいたのだが、ないはずの足が痛《いた》むのだ。切断部《せつだんぶ》分《ぶん》が痛《いた》むのではなく、その先の、たとえば左足だとか、たとえば右足の親指だとか、非常《ひじょう》にリアルに痛《いた》みの発する場所が特定《とくてい》できるのだった。

「ここが痛《いた》む」と思って手を伸《の》ばしてみると、痛《いた》みのある場所に、足がない。「痛《いた》いからさすろう」と手を動かしても、空振《からぶ》りに終わる。痛《いた》みと、痛《いた》みのある部分に実体がないことの恐怖《きょうふ》で、私《わたし》の頭は狂《くる》いそうになった。これはのちに知ったのだが、「幻肢痛《げんしつう》」といって、現実《げんじつ》の足の痛《いた》みではなく、脳《のう》の中に残《のこ》る〝幻《まぼろし》の痛《いた》み〟なのだという。幻《まぼろし》であるために鎮痛《ちんつう》剤《ざい》が効《き》かず、極限《きょくげん》の痛《いた》みを感じるというのだ。この「幻肢痛《げんしつう》」についても、私《わたし》は医師《いし》から説明《せつめい》を受けたというのだが、その記憶《きおく》はあいまいだ。

ただ、いまだからいえるのだが、痛《いた》みがあまりにもひどいものだから、両足を失《うしな》ったことのショックや、今後の生活への不安《ふあん》や不自由《ふじゆう》などについて、あまり深く考えることができなかったのは、むしろ私自身《わたしじしん》にとってよいことだったと思う。わが身をはかなんだり、やけっぱちな気分に陥《おちい》ったりする時間を、「幻肢痛《げんしつう》」が奪《うば》い取ってくれたとさえ思えるのだ。

もちろん、感謝《かんしゃ》する気などさらさらないのだが……。

「幻肢痛《げんしつう》」という〝幻《まぼろし》の痛《いた》み〟に加《くわ》えて、切断部《せつだんぶ》の現実《げんじつ》の痛《いた》みもやっかいだった。切断部《せつだんぶ》がベッドに触《ふ》れると、かなりひどく痛《いた》む。かろうじて残《のこ》された足を宙《ちゅう》に浮《う》かせて痛《いた》みを避《さ》けるしか方法《ほうほう》はなかった。したがって私《わたし》は、まるで腹筋運動《ふっきんうんどう》のようにV字型《ぶいじがた》になって足を上げていなければならなかった。ベッドに起き直って食事をするときにも、足を上げて頭も上げて、ふんぞり返ったような格好《かっこう》でいなければならなかった。

「幻肢痛《げんしつう》」の激《はげ》しい痛《いた》みは、その後もずっとつづいた。起きている間は切断部《せつだんぶ》に近い部分を冷《ひ》やし、痛《いた》みで眠《ねむ》れない夜は筋肉注射《きんにくちゅうしゃ》を打って眠《ねむ》りにつくというありさまだった。

事故《じこ》から一週間ほどたち、やっと車椅子《くるまいす》に乗ってトイレに行けるようになったころ、おぼろげながら両足を失《な》くしたことの重大さを考え始めるようになった。自分はもう二度と歩くことはできないんだ。一生、車椅子《くるまいす》を使って生活していかなければいけないんだ。そう思うと、かなり気分が落ち込《こ》んだものだった。

そんな折《おり》に、看護師《かんごし》さんからこんな言葉をかけられた。

「島袋《しまぶくろ》さんは、運がよかったですね」

この言葉を耳にして、私《わたし》の目は点のようになってしまった。私《わたし》は、どうして自分だけがこんな目に遭《あ》わなきゃいけないのかと、ふりかかった災難《さいなん》に怒《いか》りにも似《に》た感情《かんじょう》を抱《いだ》いているというのに、「よかったですね」とは何事か。看護師《かんごし》さんにしてみれば、電車にひかれたのに足を失《な》くしただけですんで、命は助かって、との意味合いだったのだろう。しかし、私《わたし》の足は一日中、痛《いた》みつづけている。しかも痛《いた》みが取れたとしても再《ふたた》び歩けるわけじゃない。わずか数メートル離《はな》れたトイレに行くだけで、重労働《じゅうろうどう》のあとのようにグッタリする。この私《わたし》がどうして運のいい人間なのか。当時の私《わたし》には、彼女《かのじょ》のあの一言が、どうしても理解《りかい》できなかった。

それとちょうど同じころ、別の看護師《かんごし》さんから、

「義足《ぎそく》があれば歩けるようになりますよ」

といわれた。この言葉は、私《わたし》には単《たん》なる同情《どうじょう》にしか聞こえなかった。こんなときに、そんな慰《なぐさ》めにもならないことをいわなくてもいいのに、と。膝下《ひざした》一〇センチほどから下の足が切断《せつだん》され、かろうじて車椅子《くるまいす》を操《あやつ》っていた私《わたし》には、義足《ぎそく》での歩行など思いもよらないことだった。つい一週間前まで自分の足で歩いていた私は、義足《ぎそく》とはどういうものかということさえわからず、まして自分が義足《ぎそく》で歩くなどという発想はこれっぽっちも持ち合わせていなかった。看護師《かんごし》さんの言葉は、ただの気休め、ほんの慰《なぐさ》めの言葉としか受け止められなかった。

今からできること……………智美《さとみ》

担当医《たんとうい》から手術経過《しゅじゅつけいか》と容体《ようだい》の説明《せつめい》を受けて、兄に面会するまでの間に、かなりショッキングなできごとがありました。病院の関係者《かんけいしゃ》が、切断《せつだん》した足の「火葬《かそう》」をどうするか、と聞いてきたのです。

〈火葬《かそう》？　何のことだろう〉

と、返答をためらっていると、改《あらた》めて切った足の部分の「火葬《かそう》」は病院の附属施設《ふぞくしせつ》で行っていいのかというのです。〝火葬《かそう》イコール人間の死〟としか頭にインプットされていない私《わたし》は、とたんに血の気《け》が引く思いにおそわれ、一瞬《いっしゅん》目の前が暗くなって気分が悪くなってしまいました。さらに、事故《じこ》のときに兄が着ていた着衣《ちゃくい》をビニール袋《ぶくろ》に入れてあるが、それはどうするかとも聞くのです。私《わたし》は胸苦《むなぐる》しさを抑《おさ》えて、かろうじて父の到着《とうちゃく》を待って判断《はんだん》すると伝《つた》えました。

そんな悪寒《おかん》のするような気分のまま、ＩＣＵで兄に面会したのでした。そして実際《じっさい》に兄の姿《すがた》を目にして、火葬《かそう》やビニール袋《ぶくろ》のショックが吹き飛《ふと》ぶほどの衝撃《しょうげき》を受けたのでした。その日は夜まで病院にいて長野《ながの》に戻《もど》ったのですが、そのころには、足を失《うしな》った兄、どうやら記憶障害《きおくしょうがい》もあるらしい兄の先行きを考え始められるほどには、落ち着きを取り戻《もど》すことができました。

長野《ながの》に帰る前に、私《わたし》たち夫婦《ふうふ》と父、義姉《あね》とで確認《かくにん》し合ったのは、兄に最善《さいぜん》の治療《ちりょう》をしてもらおうということと、機能回復《きのうかいふく》にはみんなで協力《きょうりょく》して取り組もうということでした。それでも夫《おっと》と二人きりになると、つい私《わたし》は、どうして兄があんな事故《じこ》に遭《あ》ってしまったのかとか、後ろ向きな考えになりがちでした。しかし夫《おっと》は、

〈起きてしまったことを考えたりするより、いまからできることに力を注ごう〉

といってくれました。

私《わたし》は翌日《よくじつ》、切断手術後《せつだんしゅじゅつご》に起きる危険《きけん》や、感染症《かんせんしょう》の可能性《かのうせい》などを調べるために、専門書《せんもんしょ》を探《さが》しに街《まち》に飛《と》び出しました。

〈いまからできることに力を注ごう〉

先夜、夫《おっと》にいわれた言葉どおりに、兄の症状《しょうじょう》に関《かん》する資料収集《しりょうしゅうしゅう》を始めたのです。兄は会社を経営《けいえい》しているので、できるだけ早く回復《かいふく》してもらわなければ会社が成《な》り立っていきません。兄を早期に復帰《ふっき》させるためには、最良《さいりょう》の治療《ちりょう》を受けさせなければなりません。そのためには、私《わたし》たち家族も症状《しょうじょう》をよく知る必要《ひつよう》があると考えたのです。

まず図書館に行った私《わたし》は、医学書のコーナーから轢断事故《れきだんじこ》や脚部切断《きゃくぶせつだん》など、兄の状況《じょうきょう》に似《に》たケースについて書いてある書物を開き、必要《ひつよう》なページはコピーすることを始めました。さらに市内の書店をまわり、義肢《ぎし》、義足関連《ぎそくかんれん》、そして記憶障害《きおくしょうがい》の関連書籍《かんれんしょせき》を何冊《なんさつ》か買い求《もと》めました。

記憶障害《きおくしょうがい》についての本を読んでいると、私《わたし》にもすぐにできそうなことが見つかりました。交通《こうつう》事故《じこ》に遭《あ》って飛《と》んでしまった記憶《きおく》は、そのまま飛《と》びっぱなしになる人が多いという記述《きじゅつ》に出会ったのです。さらに、その記憶《きおく》を回復《かいふく》させるには脳《のう》に刺激《しげき》を与《あた》えることが有効《ゆうこう》だともわかりました。脳《のう》を刺激《しげき》するもっとも簡単《かんたん》な方法《ほうほう》は、質問《しつもん》を投げかけて考えさせることだということも知りました。

兄は子どものころからとても好奇心《こうきしん》の旺盛《おうせい》な人でした。口ぐせは「本当かな?」「どうして?」「やってみたのかな?」の三つ。この言葉が出始めると、もう自分の世界に入り込《こ》んでしまって他人などおかまいなし。一人で〝ブツブツ　ブツブツ〟いい始め、考えがまとまるまで周囲《しゅうい》はまったく眼中《がんちゅう》に入らなくなる。食事も忘《わす》れ、寝《ね》る時間も惜《お》しんで〝好奇心《こうきしん》からふくらんだ興味《きょうみ》の世界〟の解明《かいめい》に没頭《ぼっとう》するのでした。「どうしてそこまでするの」と聞くと、「いまのこの思考を止めたくない。お願《ねが》いだから邪魔《じゃま》しないで」という始末《しまつ》でした。母にいわせると、兄は三歳《さんさい》のころから質問《しつもん》ぜめの多い理屈《りくつ》っぽい子どもで、大人がいい加減《かげん》な答えをすると、それが本当かどうか試《ため》されたそうです。そんな兄のことだから、きっと質問《しつもん》ぜめにすると脳《のう》が喜《よろこ》んで活性化《かっせいか》するはずです。

三日後、手術《しゅじゅつ》当日から兄に付《つ》き添《そ》っていた義姉《あね》と交代するために病院に行った私《わたし》は、さっそく質問《しつもん》を開始しました。

〈お兄ちゃん、飛行機《ひこうき》に乗ったのは覚《おぼ》えている？〉

〈ホテルにチェックインしたのは？〉

〈ザウスへは行ったの？〉

ロサンゼルスを出発してから船橋《ふなばし》のホテルにチェックインし、やがて事故《じこ》に遭《あ》うまでを繰《く》り返して質問《しつもん》しました。兄はときどき「うっ…痛《いた》い」と脂汗《あぶらあせ》をかきながら、なんとか私《わたし》の質問《しつもん》に答えようと努力《どりょく》していたようです。

兄はすでにICUからナースステーションの近くの個室《こしつ》に移《うつ》されていました。足の痛《いた》みが激《はげ》しいらしく、腹筋運動《ふっきんうんどう》のように下半身を持ち上げて痛《いた》みに耐《た》えていました。それでも「どうしてこうなったんだ」などと、声を荒《あら》らげて周囲《しゅうい》に当たり散《ち》らすようなことはありませんでした。もともと理屈《りくつ》でもって理解《りかい》しなければ何事も納得《なっとく》できない性格《せいかく》でしたから、他に向かって理不尽《りふじん》を強《し》いることなどもってのほかという考え方なのです。そのように、事故以前《じこいぜん》と変《か》わらない兄に接《せっ》すると、とてもうれしい気分になれました。

変《か》わらないといえば、病院で出された食事を残《のこ》すことなくきちんと食べてしまうのも、これまでどおりでした。これは私《わたし》たち兄妹が子どものころから、母親の教育方針《きょういくほうしん》として植えつけられた習慣《しゅうかん》でもあったのです。兄はベッドの横に食事のトレーを置《お》き、残《のこ》された全身を腹筋《ふっきん》で支《ささ》えながら、苦しそうに食事を口に運んでいました。「体力をつけなくちゃね。感染症《かんせんしょう》を起こす心配もあるんだし、しっかり食べて抵抗力《ていこうりょく》をつけなくちゃね」と看護師《かんごし》さんにいわれると、脂汗《あぶらあせ》を浮《う》かべながらもすべてを平らげるのでした。わずか食事だけのことですが、逆境《ぎゃっきょう》にあっても投げやりになることなくきちんとかたづける兄の姿《すがた》を見て、偏食《へんしょく》することなく、しかも完食《かんしょく》するように徹底《てってい》した母親の教えに、いまさらのように感謝《かんしゃ》しました。

事故《じこ》から五日がたったこのころも、兄の認識能力《にんしきのうりょく》には疑問《ぎもん》がありました。私《わたし》の質問《しつもん》に受け答えはするのですが、いったん部屋を離《はな》れ改《あらた》めて入って行くと、初《はじ》めて会ったような顔をするのです。それでも私《わたし》たち家族は、のちに知ることになる深刻《しんこく》な脳《のう》の機能障害《きのうしょうがい》には思いも及《およ》ばず、頭部の強打によるショックと足の痛《いた》みからくる一時的な記憶障害《きおくしょうがい》だろうと思っていました。

医師《いし》から「足の断端部《だんたんぶ》が安定したら、義足《ぎそく》が作れる。そうすれば歩けるようになる」といわれたのもこのころでした。しかし、兄はなんともいいがたい複雑《ふくざつ》な戸惑《とまど》いの表情《ひょうじょう》を浮《う》かべるだけでした。私《わたし》たち家族も、実際《じっさい》に義足《ぎそく》を見たこともなく、それがどのようにできていてどれだけの機能《きのう》を持っているのか、まったくわかりません。目の前で痛《いた》みに苦しむ兄を見ていると、「義足《ぎそく》ができれば歩ける」といわれても、その姿《すがた》を容易《ようい》にイメージすることはできなかったのです。

〈こんなに足の痛《いた》みがあるのに、足に体重をかけて歩くなんて本当にできるのかしら？〉

〈もしできるとしても、いったい何年後のことなのか？〉

私《わたし》たちは、医師《いし》からいただいた前向きな言葉にも、決して楽観的《らっかんてき》にはなれないのでした。

個室《こしつ》に移《うつ》されてから兄は、車椅子《くるまいす》に乗ってトイレに行く練習を始めていました。そこでまたひとつ問題が明らかになりました。「複視《ふくし》」――つまりモノが幾重《いくえ》にも重なって見える症状《しょうじょう》があったのです。

車椅子《くるまいす》に移動《いどう》するためにベッドから移《うつ》ろうとすると、兄の手がとんでもないところに置《お》かれるのです。そこじゃないよ、というと「わかっている」といって手を伸《の》ばすのですが、やはり位置《いち》が違《ちが》うのです。見守っている私《わたし》たち家族は、

〈やっぱり頭がおかしくなったのか――〉

と、不安《ふあん》になるのでした。

これもまた頭部の強打からくる視神経《ししんけい》の異常《いじょう》なのでした。医師《いし》は片方《かたほう》の目に眼帯《がんたい》をすると複視《ふくし》

が緩和《かんわ》されるといい、兄は眼帯《がんたい》をつけて車椅子《くるまいす》に乗るようになりました。

〈両足を失《うしな》い、おまけに目もやられ、さらに頭もはっきりしない。兄はこれからどうなってしまうのだろう〉

重なる不安材料《ふあんざいりょう》に、私《わたし》たちの意気はますます消沈《しょうちん》するばかりでした。ただ、兄は少しずつ足を失《うしな》った現実《げんじつ》を受け止めようと思いを巡らしているようでした。ないはずの足に走る痛《いた》みと、ほんの少し前のできごとさえ思い出せないという、生まれて初《はじ》めて味わう逆境《ぎゃっきょう》の中で……。

〃希望《きぼう》の芽《め》ばえ〃　…………勉《つとむ》

個室《こしつ》に移《うつ》り車椅子《くるまいす》を使うようになって困《こま》ったのは、「複視《ふくし》」の問題だった。妹の顔も、医《い》師《し》も看護師《かんごし》も、みんな二つ三つに見える。それだけではなく、同時にめまいがして気分が悪くなるのだった。普通《ふつう》に両目を開けていると、座《すわ》っていても気持ちが悪くなってどうしようもなかった。車椅子《くるまいす》に乗って廊下《ろうか》に出てエレベーターに乗ろうとする。行きたい階のボタンを押《お》そうとするが、ボタンが二つにも三つにも見えてうまく押《お》せない。どうやっても焦点《しょうてん》が合わないのだった。結局《けっきょく》、片目《かため》を押《お》さえるとなんとか一つに見えるので、眼帯《がんたい》をかけるようになった。

記憶障害《きおくしょうがい》と複視《ふくし》の原因《げんいん》を探《さぐ》るため脳《のう》のCT（断層撮影《だんそうさつえい》）を撮《と》ってもらったが、根本的《こんぽんてき》な解明《かいめい》にはいたらなかった。CTでは脳内《のうない》に腫瘍《しゅよう》や出血は認《みと》められず、記憶《きおく》と複視《ふくし》は機能的《きのうてき》な問題ということで、しばらく様子をみるという結論《けつろん》になった。

病院暮《ぐ》らしが二週間ほどたったころ、医師《いし》にゴールデンウィーク明けからリハビリテーションを始めようといわれた。すでに車椅子《くるまいす》での移動《いどう》はあまり不自由《ふじゆう》なくこなせるようになっていたところに、新しい課題《かだい》を与《あた》えられたのだ。ベッドと車椅子《くるまいす》の上だけだった生活に、「リハビリ」という一語は、なにかしら新鮮《しんせん》な響《ひび》きをともなって私《わたし》の胸《むね》に届《とど》いた。

リハビリの担当医《たんとうい》は島田裕敬《しまだひろゆき》先生だった。島田《しまだ》先生が最初《さいしょ》に指導《しどう》してくれたのは、包帯《ほうたい》の正しい巻《ま》き方だった。私《わたし》の足の切断部《せつだんぶ》は包帯《ほうたい》でグルグルに巻《ま》かれていた。それまで包帯《ほうたい》の取り替《か》えは看護師《かんごし》がしてくれていたのだが、それを自分の手でやれるようにしようというのだった。私《わたし》はこの作業にすぐに夢中《むちゅう》になった。自分の傷口《きずぐち》をいつまでも他人《ひと》まかせにしておくわけにはいかない。自分のことは自分でしなくては。それに巻《ま》き方によっては不《ふ》必要《ひつよう》な痛《いた》みが生じる。それならば自分の足の状態《じょうたい》に合わせて、傷《きず》が痛まないような包帯《ほうたい》の巻《ま》き方を覚《おぼ》えればいい。幸い、私《わたし》は子どものころから手先が器用《きよう》だった。好奇心《こうきしん》の強さも手伝《てつだ》って、おもちゃの動きの原理が知りたくては分解《ぶんかい》し組み立て直す、そんな幼少年期《ようしょうねんき》を過《す》ごしていた。

中学生になったとき入学祝《にゅうがくいわ》いに父親からお下がりの防水《ぼうすい》の腕時計《うでどけい》をもらった。「防水《ぼうすい》だからね」といわれた以上《いじょう》、本当に水が漏《も》れないか試《ため》さずにはいられない。私《わたし》は時計を水槽《すいそう》に漬《つ》けては翌日《よくじつ》に取り出し、異常《いじょう》がなければまた水槽《すいそう》へ入れるという作業を繰《く》り返した。四日目、腕時計《うでどけい》は作動しなくなった。防水《ぼうすい》でも水が入るじゃないか——。

　と、そんな性格《せいかく》なものだから包帯巻《ほうたいま》きの習熟《しゅうじゅく》も普通《ふつう》より早かったようだ。きちんと一定の重ね幅《はば》で、筍《たけのこ》の皮のように、互《たが》い違《ちが》いに重ねて包帯《ほうたい》を巻《ま》きつけていく。島田《しまだ》先生は「すごいよ島袋《しまぶくろ》さん、どうしてこんなに上手に巻《ま》けるの？」とほめてくれた。やる気を出させるためのおだて半分とは承知《しょうち》していても、ほめられて悪い気はしない。巻《ま》いてはほどき、ほどいては巻《ま》きを繰《く》り返すうち、われながら驚《おどろ》くほど、プロ顔負けの腕前《うでまえ》になってしまった。

　リハビリの第二ステップは、膝立《ひざだ》ちになってのビーチボールを使ったキャッチボールだった。マットの上に膝立《ひざだ》ちになり、先生が放ってくれるビーチボールをキャッチするのだ。そう、二歳児《にさいじ》ぐらいだったらキャッキャッといいながら喜《よろこ》びそうなやつだ。が、これがけっこうやっかいだった。二メートルほど前から島田《しまだ》先生がボールを放ってくれるのだが、膝立《ひざだ》ちでのバランスが悪く、加《くわ》えて複視《ふくし》のせいで焦点《しょうてん》を合わせにくく、なかなかボールをつかむことができないのだ。片目《かため》をつむり、懸命《けんめい》に両手を広げてボールに集中する。それでもバランスが崩《くず》れると、体が横に、後ろにと倒《たお》れそうになる。しかも、ときどき足の切断《せつだん》部《ぶ》をマットに強く当てて激痛《げきつう》が走る。それでも、膝立《ひざだ》ちができ、膝立《ひざだ》ちのままでも前後左右に体を移動《いどう》することができるという発見は、実に新鮮《しんせん》だった。少なくとも部屋の中は膝《ひざ》だけでも移動《いどう》ができるとわかったのだから……。

このリハビリ期間中の最大《さいだい》の収穫《しゅうかく》は、私《わたし》の中に〝希望《きぼう》〟が芽《め》ばえたことだった。

包帯《ほうたい》がうまく巻《ま》け、膝立《ひざだ》ちでのボール遊びも順調《じゅんちょう》にこなせるようになったころ、島田《しまだ》先生が、

「義足《ぎそく》を履《は》けば、歩けるようになるよ」

と話してくれたのだ。

意識《いしき》が回復《かいふく》したあとに、同様の言葉を看護師《かんごし》さんからかけられたときは〝慰《なぐさ》め〟にしか聞こえなかった言葉が、このときはスーッと頭の中に入ってきた。マンツーマンで、手取り足取り――取られる足はないのだが――リハビリに付《つ》き合ってくれた島田《しまだ》先生の口から出た言葉だったからだろうか、私《わたし》は、

「義足《ぎそく》はどのくらいで履《は》けるようになるんですか?」

と、尋《たず》ねていた。

島田《しまだ》先生は、二、三カ月で履《は》けるようになるのでは、といってくれた。さらに義肢《ぎし》科を院内に有する病院と、そうでない病院があることを教えてくれた。前者なら義足《ぎそく》の調整を病院内で行えるが、出入り業者に依頼《いらい》する後者の場合は、業者が義足《ぎそく》を持ち帰るので時間

がかかるともいうのだった。

「島袋《しまぶくろ》さんは両足だから、義足《ぎそく》の調整にずいぶんと時間がかかるでしょうね」

私《わたし》はこの船橋市立医療《ふなばししりついりょう》センターに救急患者《きゅうきゅうかんじゃ》として運ばれていた。救急《きゅうきゅう》での入院は三週間が限度《げんど》とされていて、私《わたし》はすでにその期間を過《す》ぎており、本格的《ほんかくてき》なリハビリテーションのための入院先を探《さが》す必要《ひつよう》に迫《せま》られていた。島田《しまだ》先生のアドバイスに、私《わたし》はぜひとも病院の中で義足《ぎそく》を作っているところを転院先にしようと決意した。そして二、三カ月で退院《たいいん》してやるぞ、と新たな〝希望《きぼう》〟を抱《いだ》いたのだった。

兄の目が輝《かがや》いた……………智美《さとみ》

兄がリハビリを始めると聞いたとき、私《わたし》は「エーッ?」という思いでした。痛《いた》みでベッドに座《すわ》ることもできないのに、いったいどんなリハビリができるの、という気持ちだったのです。けれど、担当医《たんとうい》の〝リハビリ〟という言葉に、兄の目が輝《かがや》いたのです。連日《れんじつ》、痛《いた》みで汗《あせ》をビッショリとかき、痛《いた》み止めの座薬《ざやく》を使っている兄が、かすかながらも希望《きぼう》を抱《いだ》いた目の輝《かがや》きを見せたのです。

ベッドに横たわっていても、仕事の予定や今後の計画に思いがいたると、いますぐにでも飛《と》び起きて活動したいのでしょう。一方で、シーツをはがしてみると膝下《ひざした》から先が失《うしな》われた現実《げんじつ》がある。つい数十日前の自分と現在《げんざい》の自分の間に広がる、あまりにも深く重いギャップ。そのはざまでゆれ動いていた兄に、「リハビリ」の一語は、暗雲の中に輝《かがや》く一筋《ひとすじ》の光のように思えたのかも知れません。兄の目に宿った輝《かがや》きは、事故以来《じこいらい》、初《はじ》めて抱《いだ》いた〝希望《きぼう》〟の兆《きざ》しだったのでしょう。

包帯巻《ほうたいま》きにビーチボール・キャッチ。痛《いた》みをこらえながら同じ動作を繰《く》り返す兄を見ていると、知らないうちに私《わたし》の頬《ほほ》が涙《なみだ》で濡《ぬ》れているのでした。ただ、担当医《たんとうい》の島田《しまだ》先生の熱意《ねつい》にだけは心を動かされました。しっかりと兄の目を見つめ、心から語りかける一語一語には、やさしさと同時に、いっしょに不自由《ふじゆう》を克服《こくふく》していこうという、共感《きょうかん》のようなものがこもっているのでした。

涙《なみだ》でくもる私《わたし》の視線《しせん》の先で、兄は子どものころのような「ブツブツ」を始めていました。

「何でバランスが取れないのかな？」

「力が入らないのは、足の爪先《つまさき》がないからなの？」

「そうか、膝下《ひざした》に力が入らなくて不安定《ふあんてい》なのなら、両手を広げてバランスを取ればいいのか……」

考えるときのくせ、物事に立ち向かうときの兄のくせ、幼《おさな》いころから何度となく見てきた兄の姿《すがた》が、いまここにある。よかった。きっとよくなる。兄はきっと、元どおりの兄になれるはず――。

ゴールデンウィークに入る前の四月末から、私は兄の転院先を探《さが》し始めました。まず沖縄《おきなわ》の病院に電話して情報《じょうほう》をいただいたのですが、義足《ぎそく》の装具士《そうぐし》が出入りする病院はあっても、沖縄《おきなわ》には院内に義肢《ぎし》科のある病院はないというのです。兄の希望《きぼう》は、仕事があるので二、三カ月で歩けるようになって退院《たいいん》するという性急《せいきゅう》なものでした。私《わたし》たち家族も、最良《さいりょう》の治療《ちりょう》を受けさせたいという気持ちで一致《いっち》していました。私《わたし》は切断事故《せつだんじこ》の治療《ちりょう》に実績《じっせき》があり、義足《ぎそく》の製作室《せいさくしつ》を備《そな》えた病院を調べ、電話をかけて実際《じっさい》の治療方針《ちりょうほうしん》や設備《せつび》についての説明《せつめい》を受けるという作業をつづけました。

私《わたし》はどんなに遠い場所であっても、行けさえすれば看病《かんびょう》はできるので沖縄《おきなわ》以外《いがい》でもいいと思っていました。最初に兄を転院させたいと思ったのは、あとで転院することができた所沢市《ところざわし》（埼玉《さいたま》県）の国立身体障害者《こくりつしんたいしょうがいしゃ》リハビリテーションセンター病院《びょういん》でした。ところがここは、申し込《こ》んでから二カ月待ちという状況《じょうきょう》でした。次に行かせたかったのは新宿《しんじゅく》（東京《とうきょう》）の鉄道弘済会東京《てつどうこうさいかいとうきょう》身体障害者福祉《しんたいしょうがいしゃふくし》センターだったのですが、ここもすぐには入院できませんでした。

私《わたし》はのちのちのことを考えると、じっくりと治療《ちりょう》スケジュールを立て、それに沿《そ》って転院先を選《えら》びたかったのです。しかし船橋市立医療《ふなばししりついりょう》センターでの入院可能期限《にゅういんかのうきげん》が限界《げんかい》に近づいていました。結局《けっきょく》、いくつかの病院にあたったのちに、長野県身体障害者《ながのけんしんたいしょうがいしゃ》リハビリテーションセンターに電話をしました。

電話で入院希望者《にゅういんきぼうしゃ》の妹であると自己紹介《じこしょうかい》し、兄の状態《じょうたい》と、救急医療《きゅうきゅういりょう》センターからの転院が必要《ひつよう》になっていることをを話すと、厚生相談室《こうせいそうだんしつ》という部署《ぶしょ》に電話が回《まわ》されました。相談室で電話口に出た方はとても親切な対応《たいおう》をしてくれ、直接《ちょくせつ》の担当者《たんとうしゃ》が別《べつ》の電話に出ているところなので一〇分後にもう一度電話してほしいということでした。指定された時間に再度《さいど》電話をすると、池田《いけだ》純《じゅん》さんという男性《だんせい》が電話口に出ました。この方との出会いが、私《わたし》たち家族もふくめた兄の闘病《とうびょう》生活に大きな意味を持ったと、私《わたし》は思っています。

私《わたし》は池田《いけだ》さんに、兄は沖縄《おきなわ》に住んでいるが沖縄《おきなわ》には院内に義肢装具室《ぎしそうぐしつ》のある病院がないことを伝え、私《わたし》たち夫婦《ふうふ》が長野《ながの》市に住んでいるので、可能《かのう》ならば長野《ながの》の義肢装具室《ぎしそうぐしつ》のある病院に入院させたい旨《むね》を相談しました。ゴールデンウィーク直前の四月二七日でしたが、池田《いけだ》さんは「所長に相談してみる」といってくださり、連休《れんきゅう》の谷間の五月一日に兄の代理の私《わたし》と面談するスケジュールを組んでくれました。指定された日に病院に行き待合室で待っていると、「栗田《くりた》さん」と後ろからハッキリとした声がしました。「はい」と返事をすると「池田《いけだ》です」と、ていねいにあいさつをして、じっと私《わたし》の目をのぞき込《こ》みました。そのとき私《わたし》は、池田《いけだ》さんが全盲《ぜんもう》であることに初《はじ》めて気がついたのです。

最初《さいしょ》に病院に電話したとき、兄の病状《びょうじょう》と私《わたし》たちの置《お》かれている状況《じょうきょう》を聞いてくださった厚生相談室《こうせいそうだんしつ》の係の方が、「それならば池田《いけだ》という者が詳《くわ》しいので」といってくれたこと。「池田《いけだ》はただいま電話中で……」「一〇分後にまた電話を」とつづけてくれたこと。そして、かけ直した電話に出た池田《いけだ》さんがとても親身に私《わたし》の話を聞いてくださったこと——それらが一瞬《いっしゅん》のうちに私の脳裡《のうり》を駆《か》け巡《めぐ》りました。病室の空室状況《じょうきょう》や所長への相談など、その後の何度かの電話でのやりとりを、この全盲《ぜんもう》の方がすべて処理《しょり》してくれていたのだと思うと、転院先の決定を急ぐあまりに、自分がやや自己中心的《じこちゅうしんてき》な電話をしていたのではなかったかと、申し訳《わけ》ない気持ちになりました。と同時に、身体にハンデを持ちながら相談室の大事な役割《やくわり》をてきぱきとこなしている池田《いけだ》さんを、ぜひ兄に会わせたいと、強く思ったのです。

その日、池田《いけだ》さんの手配で私《わたし》は所長にも会うことができ、船橋市立医療《ふなばししりついりょう》センターからの紹介状《しょうかいじょう》に対する転院許可《きょか》の返信《へんしん》までいただけたのでした。兄はきっとよくなる。この長野《ながの》の地で、池田《いけだ》さんのようなプロフェッショナルをスタッフに抱《かか》えたこの病院で、兄はきっと回復《かいふく》に向かう。私《わたし》は兄の介護《かいご》に、さらに意を強くしたのでした。

「何も学ばなければバカだよ」…………勉《つとむ》

事故《じこ》からほぼ一カ月を過《す》ごした船橋市立医療《ふなばししりついりょう》センターから転院したのは、五月九日だった。朝の六時半に、かねて依頼《いらい》をしていた民間《みんかん》の救急車両《きゅうきゅうしゃりょう》が迎《むか》えにきたのだが、朝早いというのに病院のスタッフや親しくなった入院患者《にゅういんかんじゃ》が何人も見送りに出てくれて、とてもうれしかったのを覚《おぼ》えている。

長野県身体障害者《ながのけんしんたいしょうがいしゃ》リハビリテーションセンターへの到着《とうちゃく》は、入院手続きを行う午前一時までにと予定していた。ところが、妻《つま》に付《つ》き添《そ》われて乗った救急車《きゅうきゅうしゃ》の乗員の仕事ぶりが実にいい加減《かげん》なものだった。船橋《ふなばし》の病院を出発してしばらくすると、病院の車椅子《くるまいす》をそのまま乗せてしまったので引き返すといい始めたのだ。すでに朝の交通ラッシュの時間《じかん》帯《たい》で道路の渋滞《じゅうたい》がひどくなっているのに、車はやおらUターンしてしまった。

病院との約束《やくそく》があり、かつ足の痛《いた》みもつづいているので、あえて義弟《おとうと》の車ではなく医療《いりょう》設備《せつび》もある救急車《きゅうきゅうしゃ》を頼《たの》んだというのに、患者《かんじゃ》の事情《じじょう》を優先《ゆうせん》するのではなく、車椅子《くるまいす》を返すという自分たちの都合で、救急車《きゅうきゅうしゃ》は渋滞《じゅうたい》の中を船橋《ふなばし》に戻《もど》ったのだ。

妹が何度も電話をかけてたどりつき、池田《いけだ》さんという親切な厚生相談員《こうせいそうだんいん》の尽力《じんりょく》があってやっと決まった転院先の病院との約束《やくそく》の時間に間に合わないのかと思うと、私は気もそぞろになるのだった。

船橋《ふなばし》から長野《ながの》までの、民間《みんかん》の救急車両《きゅうきゅうしゃりょう》のチャーターにかかる費用《ひよう》は、決して安価《あんか》なものではない。それなのに二人の乗員はUターンでロスした時間を取り戻《もど》すつもりはないようだった。先を急ぐことで患者《かんじゃ》の心理的《しんりてき》な不安《ふあん》を取り除《のぞ》こうという気配りが、まったくはたらかないのだった。私《わたし》がしきりに妻《つま》に「いま何時？」と尋《たず》ねていたのは、約束《やくそく》の時間に着けないのを懸念《けねん》してのことだったというのに——。

さらに腹立《はらだ》たしかったのは、到着予定《とうちゃくよてい》の午前一一時を過《す》ぎたというのに、どこかに停車《ていしゃ》して二人で地図を開き始めたことだった。事前に行き先を通知してあるのだから、車内で一人が確認《かくにん》していればいいものを、私《わたし》は「これが謝礼《しゃれい》を取ってする仕事か！」と怒《いか》り心頭だった。

この移動《いどう》に関《かん》する記憶《きおく》だけは、よほど腹《はら》が立ったのか忘《わす》れることがなかった。転院先に着き、病院の中に入ってからのことはほとんど覚《おぼ》えていないのだが——。

長野《ながの》の病院で病室に入ったとき、同室者から最初《さいしょ》に投げかけられたのが、「きみは若《わか》いからまだいいよ。自分なんか毎日、死にてえと思ってるよ、ナァー」という言葉だった。年《ねん》輩《ぱい》で下腿切断《かたいせつだん》の人だったが、これには賛同《さんどう》しかねた。私《わたし》は命が助かってよかったと考えていたし、死ぬなんてとんでもないと思っていた。それでも、船橋《ふなばし》で義足《ぎそく》があれば歩けるようになると知り、希望《きぼう》をもって長野《ながの》に移《うつ》ったので、この悲観的《ひかんてき》な同室者の発言も、全然《ぜんぜん》気にならなかった。そもそも私《わたし》は、他人になんといわれてもほとんど気にしない性格《せいかく》で、周《しゅう》囲《い》が私《わたし》を傷《きず》つけまいと言動を気づかっていることも、無用《むよう》のことと思っていた。

船橋《ふなばし》の病院で、看護師《かんごし》がよく見回りにくるのも、毎朝のように精神科医《せいしんかい》が訪《おとず》れるのも不《ふ》思議《しぎ》でしょうがなかった。看護師《かんごし》も精神科医《せいしんかい》も、私《わたし》たち患者《かんじゃ》が自殺《じさつ》を考えていないかどうか、その精神状態《せいしんじょうたい》を見きわめにきていたと知ったのは、ずっとあとのことだった。

私《わたし》にとって長野県身体障害者《ながのけんしんたいしょうがいしゃ》リハビリテーションセンターに転院して好都合《こうつごう》だったのは、同室に脚部切断《きゃくぶせつだん》の患者《かんじゃ》が二人いたことだ（彼《かれ》らには好都合《こうつごう》なんかじゃないだろうけれど）。船《ふな》橋《ばし》には同様の入院患者《にゅういんかんじゃ》が見当たらず、自分の将来像《しょうらいぞう》を思い描《えが》くことができなかったが、ここにいる人たちを見ていると、「ああ、義足《ぎそく》とはこういうものか」とか「歩けるようになるんだな」とか、リハビリの先に待っている姿《すがた》が、おぼろげながら結《むす》べるようになったのだ。

少しだけ希望《きぼう》が見えてきたのは事実だったが、ひげを剃《そ》ることと着替《きが》えをするのだけは嫌《いや》でたまらなかった。この日常的《にちじょうてき》な行為《こうい》は、人に会うからとか仕事に出かけるからとか、自分自身にある目的《もくてき》があって行うものだ。病院の中にいずっぱりで人に会うわけでもないのに、どうしてひげを剃《そ》り、着替《きが》えなきゃいけないのか。ヤケになっていたのではなく、私《わたし》には目的《もくてき》がともなわないことはやるのがムダだという意識《いしき》が強くあったのだ。ただ、シェーバーは義弟《おとうと》が持ってきてくれたものだから、妹に「今日、宣明《のぶあき》さんがくるわよ」といわれると、そのときだけはあわててひげを剃《そ》っていた。また、沖縄《おきなわ》にいる妻《つま》に代わって介護《かいご》してくれていた妹に「人に会うわけでもないなんて、私《わたし》は人じゃないの？」と詰問《きつもん》されると、返答に窮《きゅう》したものだった。

長野《ながの》の病院で専用《せんよう》の車椅子《くるまいす》をあてがわれた私《わたし》は、病院に隣接《りんせつ》した長野県障害者福祉《ながのけんしょうがいしゃふくし》センターのスポーツ施設《しせつ》に毎日行き、自主的《じしゅてき》に筋力《きんりょく》トレーニングをした。施設《しせつ》が閉《し》まると駐車場《ちゅうしゃじょう》に出て、車椅子《くるまいす》でトレーニングをつづけた。しかし、片目《かため》に眼帯《がんたい》をしているためちょっとした段差《だんさ》や勾配《こうばい》がわからず、少しスピードをつけて車椅子《くるまいす》を転がしていると、車や段差《だんさ》にぶつかって車椅子《くるまいす》からよく転げ落ちた。ぶつかりそうになっても足がないので支《ささ》えることができない。それなのに倒《たお》れそうになると、つい無理《むり》をして足を出そうとする。結《けっ》局《きょく》、傷口《きずぐち》からぶつかってはとんでもない痛《いた》みにのたうちまわるのだった。そうした失敗《しっぱい》を繰《く》り返すうち、足を引っ込めることを覚《おぼ》える。が、足を引くと今度は膝《ひざ》を打って頭から突《つ》っ込《こ》んでしまう。そんな繰《く》り返しだった。

そのころ夜になると決まって同じ夢《ゆめ》を見た。私《わたし》は木造《もくぞう》の大きな旅館に泊《と》まっていて、夕食を終えて二階の部屋で眠《ねむ》っていると、旅館が火事になる。火がそこまで迫《せま》っているのに、私《わたし》には足がなくて逃《に》げられない——こんな夢《ゆめ》を毎晩《まいばん》のように見た。

同じころに沖縄《おきなわ》の母親に電話をかけた。すると母親は、

「痛《いた》い?」

と聞いてきた。傷《きず》の周辺《しゅうへん》を氷で冷《ひ》やし、痛《いた》み止めを飲み、座薬《ざやく》まで使って痛《いた》みに耐《た》えているのだから、「痛《いた》いのは当たり前だろ」というのが私《わたし》の正直な気持ちだった。それなのにいったいいなんてことを聞くのか、母親のいいたいことが理解《りかい》できなかった。それでも心配をかけたくなかった私《わたし》は、

「そりゃ痛《いた》いよ」

つとめて明るく答えた。すると母親は、

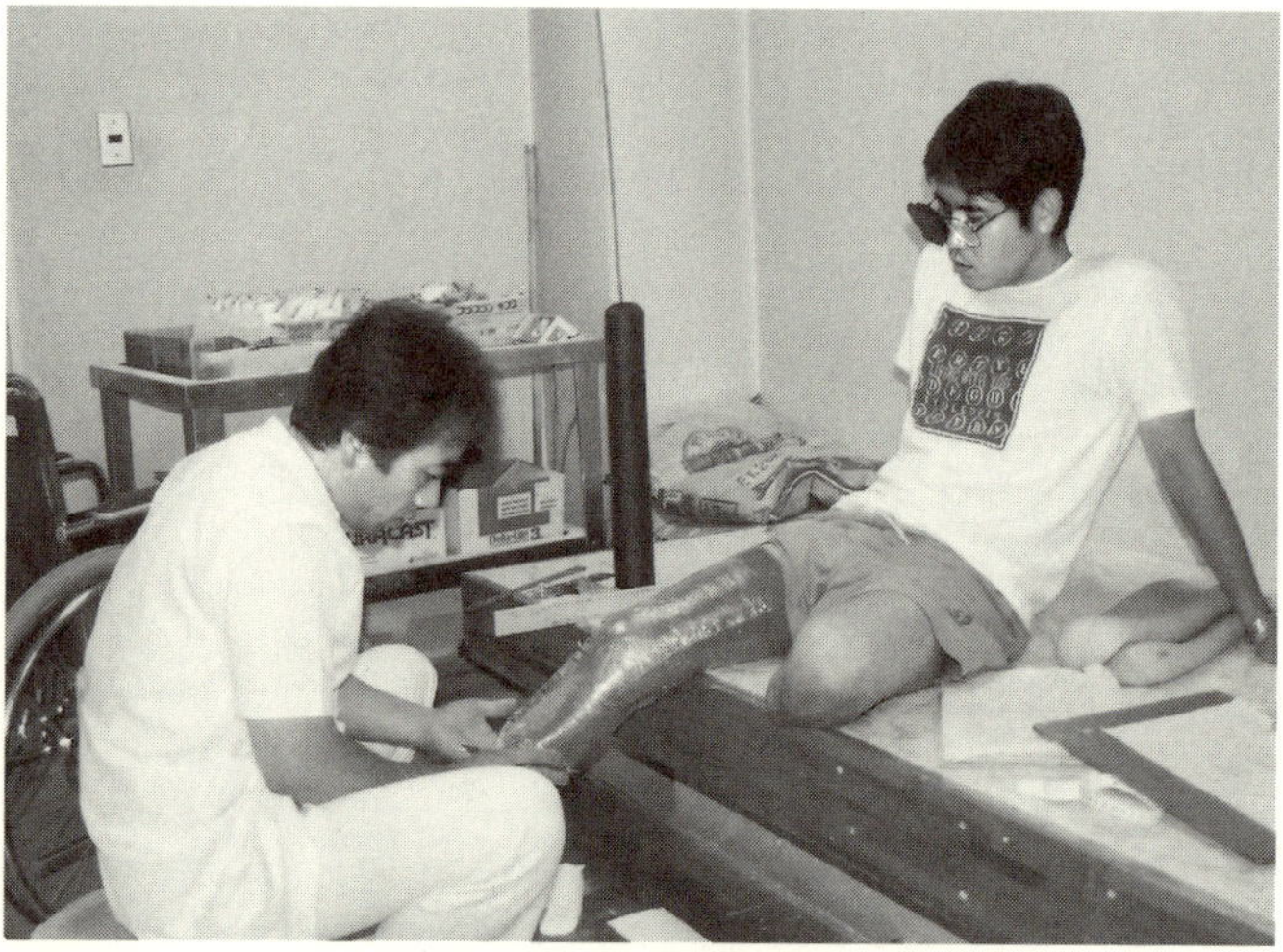

義足《ぎそく》の型《かた》どり（義肢装具室《ぎしそうぐしつ》で）

「そんなに痛《いた》い思いをして、何も学ばなければただのバカだよ。アハハハハ」

と、笑《わら》ってのけた。

それから少し世間話をして電話は終ったのだが、私《わたし》には母親のいいたかったことが、高笑《たかわら》いの意味が理解《りかい》できなかった。夜になってもこのことが頭にこびりついて離《はな》れず、私《わたし》は母親に何をいってもらいたかったのか、何を期待していたのかと、自問を重ねた。

「何を？」

「期待していたのか……」

「何を？」

「期待していたのか……」

私《わたし》が期待していたのは「痛《いた》いでしょ。大《だい》

丈夫《じょうぶ》？」といった同情の言葉だったんだろうな――。そのときハッと気づいた。「これがいけないんだ」と。

長く病院生活をつづけていると、すっかり同情《どうじょう》の言葉に慣《な》れてしまう。このことがいけないのだと、私は気づかされた。

このときから私《わたし》は、日々の努力《どりょく》の中から、何かを学ぼうと意識《いしき》するようになった。そのように意識《いしき》し始めると、周囲《しゅうい》の光景《こうけい》がいろいろな色に変《か》わって見えるようになった。

母のこと……………智美《さとみ》

私《わたし》たちの母は一九八九年七月に、自動車を運転していて信号待《しんごうま》ちをしているときに、後ろから別《べつ》の車に追突《ついとつ》されました。外傷《がいしょう》はなかったのですが、病院で診察《しんさつ》すると脳室《のうしつ》がふくらんでいるといわれました。診断《しんだん》は、水頭症《すいとうしょう》。

脳室《のうしつ》がふくらみ髄液《ずいえき》の流れを圧迫《あっぱく》しているため、そのことによって半身不随《はんしんふずい》や身体にマヒが生じる可能性《かのうせい》があるというのです。髄液《ずいえき》で脳室《のうしつ》が圧迫《あっぱく》されている状態《じょうたい》を緩和《かんわ》するためには、頭の中にシャントという管《くだ》を入れる「シャント手術《しゅじゅつ》」が必要《ひつよう》でした。頭部に管《くだ》を入れ、髄液《ずいえき》を胸部《きょうぶ》を経《けい》由《ゆ》して腹膜《ふくまく》に流すという手術《しゅじゅつ》です。

先天性《せんてんせい》の水頭症《すいとうしょう》の場合は、最初《さいしょ》からシャントを入れて成長《せいちょう》に合わせてシャントを長くしていくのだそうです。しかし、成人《せいじん》してから突発的《とっぱつてき》な事故《じこ》で水頭症《すいとうしょう》を発症《はっしょう》した母のケースでは、脳《のう》室《しつ》の圧迫《あっぱく》の様子をみている余裕《よゆう》がなく、緊急避難的《きんきゅうひなんてき》なシャント手術《しゅじゅつ》を行うしかなかったようです。そのため術後《じゅつご》に髄液《ずいえき》が流れすぎたり、その逆《ぎゃく》の症状《しょうじょう》が出たりし、さらには感染症《かんせんしょう》の問題も生じ、一二回も手術《しゅじゅつ》を繰《く》り返すことになりました。

母がえらいと思うのは、何回手術《しゅじゅつ》を行っても、絶対《ぜったい》に手術《しゅじゅつ》がいやだといわないことです。「治《なお》る可能性《かのうせい》があるのだったら、何度でも手術《しゅじゅつ》を受けたい」というのです。

母の「生きたい」との願《ねが》いはとても強く、兄も私《わたし》も母のその姿勢《しせい》が母自身の力となっているのを、実感していました。

母の「生きたい。命を楽しみたい」という強い思いは、太平洋戦争末期《たいへいようせんそうまっき》の沖縄戦《おきなわせん》を経験《けいけん》したことに、その一因《いちいん》があるようです。母の姉は「ひめゆり部隊《ぶたい》」に所属《しょぞく》していて、一九四五年、自爆《じばく》するようにとの命令《めいれい》を受けて亡《な》くなりました。当時七、八歳《さい》だった母は、長じて理想主義的《りそうしゅぎてき》な国の体制《たいせい》にあこがれたようです。「戦争《せんそう》は絶対《ぜったい》にいけない。世界は一つの国のようにならなければ」と、私《わたし》たちはよく聞かされて育ちました。

母は本が大好《だいす》きです。私《わたし》たちが幼《おさな》いころ、母は毎晩《まいばん》、私《わたし》たちが寝《ね》る前に本を読んで聞かせてくれました。聖書《せいしょ》、グリム童話《どうわ》、そしてイソップ物語。私《わたし》のお気に入りは「フランダースの犬」でした。私《わたし》は母のお話を聞き終えると物語のその後を夢想《むそう》して楽しむタイプでした。が、兄は物語を振《ふ》り返って、「どうしてあのときこうしなかったのかな」などと、理屈《りくつ》でもって物語をかみくだこうとしていました。そして、母に質問《しつもん》ぜめを始めるのです。「何も学ばなければバカだよ」と母にいわれた兄は、きっと「なぜこういわれたのかな。いうからには何か理由があるのだろう」と考えたにちがいありません。兄には、それが自然《しぜん》なことなはずだから……。

はじめての義足《ぎそく》…………勉《つとむ》

いよいよ最初《さいしょ》の仮義足《かりぎそく》ができてきた。私《わたし》は、義足《ぎそく》ではあれ〝足〟なのだから、これを着ければすぐに歩けるようになるものだと思っていた。それが大違《ちが》い。歩くどころか立つことすらできないのだった。おまけに義足《ぎそく》を履《は》いて歩行の練習をすると切断部分《せつだんぶぶん》に傷《きず》ができて、相当に痛《いた》いのだった。私《わたし》は、痛《いた》いときは「痛《いた》い」、不具合《ふぐあい》なところは「ここがこうだ」とはっきりと主張《しゅちょう》することにした。なにしろ一日でも早く退院《たいいん》して仕事に復帰しなければならない。そのためには自分の足にピッタリの義足《ぎそく》を作りたかったのだ。

傷《きず》と痛《いた》みは練習につきものだと割《わ》り切っていた私《わたし》にとって、何よりやっかいだったのは看護師《かんごし》さんだった。看護師《かんごし》さんは私《わたし》の傷《きず》を見ると、すぐに包帯《ほうたい》を巻《ま》いてしまうのだ。冗談《じょうだん》じゃない。包帯《ほうたい》を巻《ま》かれたら義足《ぎそく》が履《は》けなくなってしまう。このころの私《わたし》は、傷や痛《いた》みと闘《たたか》うというより、むしろ看護師《かんごし》さんの目と闘《たたか》っている感じだった。

私《わたし》は、傷《きず》は怖《こわ》くはなかった。怖《こわ》いのは、歩けなくなることだった。

初期《しょき》の歩行練習は、平行棒《へいこうぼう》を伝《つた》って歩くことだった。リハビリテーションの先生の指導《しどう》にしたがって、ちょうど体操競技《たいそうきょうぎ》の平行棒《へいこうぼう》のような用具の中を、棒《ぼう》をつかみながら歩くのだ。棒《ぼう》をつかんで歩けるようになっても、いざ棒《ぼう》から手を離《はな》すと、今度は足を一歩も前に出せない。先生に聞くと、一応《いちおう》直立歩行の原理のようなことをアドバイスしてくれるのだが、それがいっこうに理解《りかい》できなかった。

病院の隣《となり》の障害者福祉《しょうがいしゃふくし》センターには、小さな子どもを遊ばせるスペースがあった。あるときたまたまそちらを見ると、やっと立ち歩きができるようになったばかりの幼児《ようじ》が遊んでいた。幼児《ようじ》を見ていると、彼《かれ》らは立つときには手に力を入れ、手でバランスを取って歩いているのだった。「あっ、これだ」と思った。手でバランスを取れば歩けるんだ、と。自分の歩行能力《ほこうのうりょく》は、まだ一歳《さい》になるかならないかぐらいなんだ。それならば同年齢《どうねんれい》の子らに学べばいい。私《わたし》は幼児《ようじ》を手本にして、自分なりに工夫《くふう》を加えた練習を始めた。

幼児《ようじ》から教わったことが、もうひとつある。歩行練習で怖《こわ》いのは、転ぶことだった。幼《よう》児《じ》が転ぶのを見ていると、彼《かれ》らは見事にお尻《しり》からストンと転ぶのだった。尻《しり》から落ちることによって、自然のうちに大怪我《おおけが》を防《ふせ》いでいるのだった。このときから私《わたし》も、転ぶ際《さい》にはお尻《しり》からと、心がけるようになった。

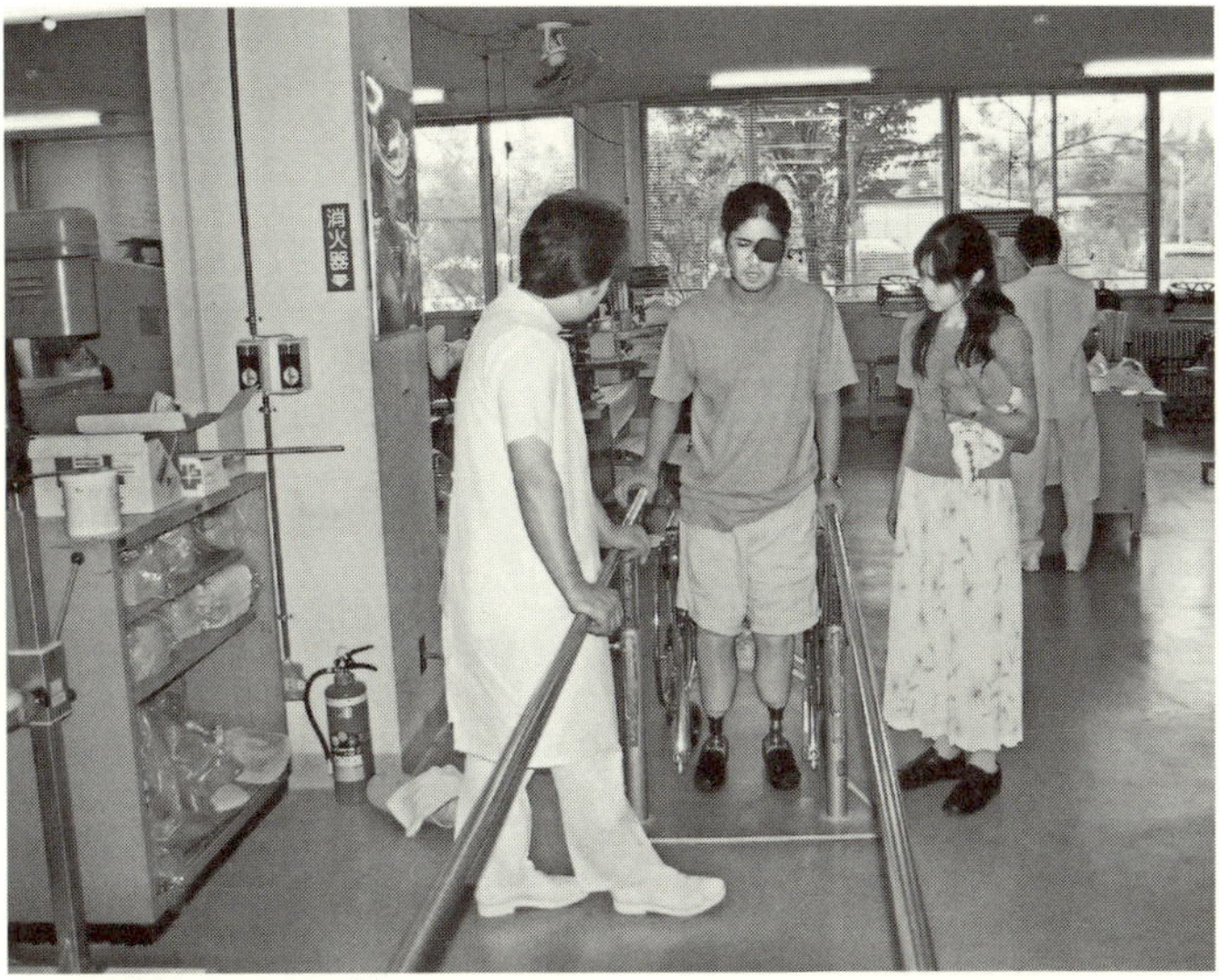

義足《ぎそく》をつけての初《はじ》めての歩行練習「立てたが…足が前に出ない…」

私《わたし》は自分にフィットした義足《ぎそく》さえできれば、自由に歩けるはずだと、すっかり頭の中で思い込《こ》んでいた。だから私《わたし》は、歩行練習を行うようになると、義肢装具製作科《ぎしそうぐせいさくか》の部屋に通うことを日課《にっか》とした。毎日その部屋に通って義足《ぎそく》作りの過程《かてい》を見つづけた。生来の理屈《りくつ》好《ず》きが頭をもたげ、義肢製作《ぎしせいさく》の理論的《りろんてき》な過程《かてい》をわかろうとした。やがて義肢《ぎし》科《か》のスタッフは、部屋に入りびたっている私《わたし》に、一〇時になるとコーヒーを出してくれ、三時にはおやつをすすめてくれるようになった。

義肢製作《ぎしせいさく》の技師《ぎし》たちが、ときおり手にする本があった。『切断《せつだん》と義足《ぎそく》』という教科書のような本だった。ついつい私も読みたくなって障害者福祉《しょうがいしゃふくし》センターのライブラリーに行ってみたが、これは置《お》いてなかった。が、ライブラリーの係員に聞くと注文が可《か》能《のう》だという。さっそく取り寄《よ》せてもらうことにした。私《わたし》はこの病院を退院《たいいん》するまで、期日がきたら返却《へんきゃく》し、また借りることを繰《く》り返し、この本を読みつづけた。なにしろ記憶障《きおくしょう》害《がい》があって、何度読んでも覚《おぼ》え切れないのだから――。

そうしているうちに、それまで義足《ぎそく》の調整をしてくれていた下村技師《しもむらぎし》が「自分でやってごらん」と、パテとペーパーを持たせてくれるようになった。義足《ぎそく》ができれば歩けるようになると希望《きぼう》を持っていた私《わたし》は、自分の義足《ぎそく》を自分でメンテナンスできることが楽しくてたまらなかった。

ちょうどそのころ、私《わたし》より一年先に片足《かたあし》を切断《せつだん》して、皮膚《ひふ》が弱いために再手術《さいしゅじゅつ》をして義《ぎ》足《そく》の製作《せいさく》のため同じ病室に入院した吉田秀一《よしだしゅういち》さんと出合った。義足《ぎそく》が完成《かんせい》すればすぐにでも退院《たいいん》できると思っていた私《わたし》は、義足《ぎそく》の先輩《せんぱい》である彼《かれ》に、退院《たいいん》したあとに体験《たいけん》するであろう不自由《ふじゆう》の解決策《かいけつさく》を尋《たず》ねた。

「義足《ぎそく》でできないことはどんなことですか?」

という私《わたし》の質問《しつもん》に、彼《かれ》は一瞬《いっしゅん》、うーんと首をかしげて考え、

「できないことは何もないよ。ただ、とても疲《つか》れるんだ」と話した。この言葉は私《わたし》の胸《むね》に重く響《ひび》いた。できないことを探《さが》すのではなく、できる方《ほう》法《ほう》を考えるべきだと、諭《さと》してくれたような気がしたのだ。

彼《かれ》はまた、義足《ぎそく》のカタログを持っていた。そしてカタログを開きながら「空手のできる義足《ぎそく》を作ってもらう」といったのだ。私《わたし》は驚《おどろ》いた。空手をするということに驚《おどろ》いたのではなく、義足《ぎそく》を自分で選《えら》べるということに驚《おどろ》いたのだ。私《わたし》はそれまで、義足《ぎそく》は病院が処方《しょほう》してくれるものとばかり思っていた。が、自分の目的に合わせて義足《ぎそく》を選《えら》んでいいと知って、退院後《たいいんご》の自分のイメージがさらに大きくふくらむのを覚《おぼ》えた。

それ以来《いらい》、私《わたし》は義足《ぎそく》のカタログに夢中《むちゅう》になった。事故以前《じこいぜん》の私《わたし》はバイクや車が大好《だいす》きで、バイクのカタログを眺《なが》めてはニタッと笑《わら》い、車のカタログを広げてはニタッと笑《わら》う、そんな人間だった。それがなんと、義足《ぎそく》のカタログを見てニタッとするようになったのだ。そして、「この義足《ぎそく》を履《は》けば、こういうことができるぞ」と、頭の中で想像《そうぞう》し、すっかり義足《ぎそく》ができあがった気分になっていた。自由に歩きまわる自分の姿《すがた》を思い浮《う》かべていた。

義肢科《ぎしか》で義足《ぎそく》の調整をしながら歩行練習を重ねたが、切断部《せつだんぶ》に傷《きず》ができることはなかなか解消《かいしょう》されなかった。夢中《むちゅう》になって練習する私《わたし》にも責任《せきにん》があったのだが、大きな傷《きず》ができると看護師《かんごし》さんのストップがかかり、義足《ぎそく》を履《は》かせてもらえなかった。義足《ぎそく》を履《は》いて歩く練習をするために入院しているのに義足《ぎそく》が履《は》けないとなると、とても憂《ゆう》うつな気分になった。義足《ぎそく》を履《は》けないときに何かできることはないだろうかと考えていたら、突然《とつぜん》、〝義足《ぎそく》の分解《ぶんかい》〟を思いついた。義足《ぎそく》の仕組みを調べよう。単純《たんじゅん》なメンテナンスじゃなく、しっかりと調整のしかたを覚《おぼ》えよう。なんたって、履《は》いている間は義足《ぎそく》をバラすことはできないんだから――それからは、傷《きず》に包帯《ほうたい》を巻《ま》かれたときは、義足《ぎそく》の分解《ぶんかい》に精《せい》を出した。ベッドに座《すわ》り、食事用のテーブルに〝足〟を乗せ、バラした部品を並《なら》べてニタッと笑《わら》うのだった。

　この病院の所長はとても患者《かんじゃ》に理解《りかい》のある医師《いし》で、私《わたし》の「義足分解《ぎそくぶんかい》」の現場《げんば》を見ても、注意したり、やめさせたりすることなく、「お、すごいね」と励《はげ》ましの声をかけてくれた。義《ぎ》肢科《しか》の方々も協力的《きょうりょくてき》で、取り扱《あつか》い説明書《せつめいしょ》を貸《か》してくれたり、角度の調整などにアドバイスをしてくれた。実際《じっさい》に自分で義足《ぎそく》の調整を始めると、調整具合がそのまま自分の足に伝《つた》わるため、この作業がどんどん楽しくなるのだった。

　義足分解《ぎそくぶんかい》とほぼ同時に考え始めたのが、膝《ひざ》での歩行だった。義足《ぎそく》を履《は》けないときに、このままでは自分一人で移動《いどう》することができなくて困る。船橋《ふなばし》の病院で膝立《ひざだ》ちのリハビリをしたのだから、今度は膝立《ひざだ》ちで歩行すればいいと考えた。それで、院内のフロアを膝《ひざ》で歩くことを開始した。しかし、この練習を始めると、「膝《ひざ》を痛《いた》める」といって看護師《かんごし》さんがすっ飛《と》んでくるのだった。私《わたし》は膝《ひざ》を痛《いた》めないように用意した膝《ひざ》あて用のタオルを見せるのだが、「そんなことをしてはいけません」と許《ゆる》してくれなかった。

それでも私《わたし》はあきらめなかった。毎日、義足《ぎそく》を着用できればいいのだが、傷《きず》ができたり義足《ぎそく》に不具合《ふぐあい》が生じると、身動きできなくなってしまう。退院《たいいん》して仕事に戻《もど》ると、待ったなしの場面が多く訪《おとず》れる。そんなときに動けないのでは困《こま》ってしまう。考えた結果《けっか》、思いついたのがバレーボール選手《せんしゅ》などが使っている膝用《ひざよう》のサポーターだった。クッションの入ったサポーターなら、膝《ひざ》にかかる負担《ふたん》もだいぶやわらぐはずだと思ったのだ。

サポーターの次に用意をしたのは、膝頭《ひざがしら》が入るサイズの靴《くつ》だった。サイズ三〇センチの靴《くつ》を買って履《は》いてみると、あまり痛《いた》みを感じず、ある程度《ていど》の歩行が可能《かのう》になった。車椅子《くるまいす》でいちばん困難《こんなん》だったのはトイレと階段《かいだん》だった。が、膝《ひざ》で歩けば階段《かいだん》の昇降《しょうこう》も可能《かのう》だし、車椅子用《くるまいすよう》のトイレでなくても用が足せる。私《わたし》が「これでどこにでも行ける」と、自信満々《じしんまんまん》に宣言《せんげん》すると、妹は「病院内はいいけれど、決して外にだけは出ないで。道路には絶対《ぜったい》に出ないで」というのだった。

もちろん「外に出るな」という理由は〝危険《きけん》〟の存在《そんざい》だった。「外に出ては危《あぶ》ない」というので、「なぜ危《あぶ》ないのか」と聞くと、「膝立《ひざだ》ちの歩行者なんて車から見えない」というのだ。

私《わたし》は納得《なっとく》がいかなかった。膝《ひざ》から下を失《うしな》っても、私《わたし》の身長は小学校の低学年生《ていがくねんせい》と同じくらいだ。小学生が歩いているのに私《わたし》だけダメなのはなぜなのか。今度は「みんな、びっくりしちゃう」という答えが返ってきた。さて、〝びっくり〟と〝危《あぶ》ない〟はイコールなのか。

「びっくりはしても、危《あぶ》なくはないんじゃない？」

というのが私《わたし》の反論《はんろん》だった。正論《せいろん》だと思う。

私《わたし》は本当に理解《りかい》できなかった。大人が膝《ひざ》で歩くのは危《あぶ》ないという考え方が、私《わたし》にはわからなかった。確《たし》かに最初《さいしょ》に私《わたし》を見る人は驚《おどろ》くかもしれない。しかし、今日しなければならない仕事があるときに、「義足《ぎそく》が履《は》けないから行けない」とか「車椅子《くるまいす》対応《たいおう》の場所でないのでは行けない」ではすまされない。いま、入院している間に、退院後《たいいんご》の仕事に備《そな》えなければならない。私《わたし》は自分なりに、どんなときでも責任《せきにん》を果《は》たせるようにと、必死《ひっし》に考えていただけだった。

大きな一歩……………智美《さとみ》

長野《ながの》のリハビリテーションセンターに移《うつ》り、義足《ぎそく》を作り始めてから、兄の関心《かんしん》は「歩くこと」「歩けるようになること」に向けられました。義足《ぎそく》で歩くことへの好奇心《こうきしん》がニョキニョキと芽生《めば》え、関《かん》心《しん》がどんどんとふくらんで、またまた子どものころのように夢中《むちゅう》になっていくのでした。

病棟《びょうとう》と渡《わた》り廊下《ろうか》でつながっている障害者福祉《しょうがいしゃふくし》センターのライブラリーに車椅子《くるまいす》で行き、『歩行《ほこう》基本《きほん》』『体のしくみ』『機能回復《きのうかいふく》』など、自分の体の現状《げんじょう》に関連《かんれん》する本を、かたっぱしから読み出しました。さらに義足《ぎそく》での歩行を少しでも補《おぎな》うためにと、上半身の筋力《きんりょく》トレーニングも始めました。病室で、廊下《ろうか》で、階段《かいだん》で、バランス感覚《かんかく》を取り戻《もど》すためにあらゆる機会《きかい》を利用《りよう》して体の動きをチェックしていました。

「仮義足《かりぎそく》」という治療《ちりょう》用の義足《ぎそく》ができるとさらに兄の行動は過激《かげき》さを増《ま》していきました。いきなり階段《かいだん》の上り下りを、手すりをつかむことなく始めようとするのです。私《わたし》としては、両足がないこと、義足《ぎそく》であることに、もっと自覚的《じかくてき》であってほしいのに、本人は、

「バランスの訓練《くんれん》だよ」

と、理由をつけて絶対《ぜったい》に手すりに頼《たよ》ろうとしないのでした。兄と同じように足に障害《しょうがい》のある患《かん》者《じゃ》さんたちが手すりにつかまって訓練《くんれん》しているのに、兄は上体を揺《ゆ》らしながらキッと目を見開き、一歩一歩と階段《かいだん》を上り下りするのでした。いつ、どこに倒《たお》れてしまうかと、ハラハラドキドキしながら見守る私《わたし》に、

「いつでも、どこでも階段《かいだん》に手すりがあるとは限《かぎ》らないじゃないか。だから最初《さいしょ》から手すりはないものと思って訓練《くんれん》しなきゃ」

いつもの理屈《りくつ》で自分の主張《しゅちょう》を貫《つらぬ》くのでした。そんな兄を見ている人は私《わたし》に、「頭は大丈夫《だいじょうぶ》なの？」と聞いてくる始末《しまつ》。いっそ他人のフリをしたいのですが、それもできないのです。

兄に治療用《ちりょうよう》の「仮義足《かりぎそく》」ができ訓練《くんれん》が始まったころのことです。私《わたし》は夫《おっと》と話し合い、日曜日の外出許可《がいしゅつきょか》を申請《しんせい》しました。入院生活も長引き、病院と周辺《しゅうへん》の同じ景色《けしき》だけを目にしているのでは気分転換《きぶんてんかん》も必要だろうと思い、病院の外の世界、信州《しんしゅう》の美しい風景《ふうけい》にも触《ふ》れてもらいたいと考えたのです。私《わたし》は兄に観光《かんこう》マップをわたし、行きたい場所を選《えら》ぶようにいいました。

翌日《よくじつ》、兄の選《えら》んだ行き先を聞くと、「栂池自然園《つがいけしぜんえん》」がいいとのことでした。

「栂池自然園《つがいけしぜんえん》」はこの時期、雪渓《せっけい》と高山植物が同時に楽しめて、私《わたし》の大好《だいす》きな場所のひとつです。

しかし、とりたてて植物に興味《きょうみ》を持たない兄が選《えら》ぶのは、どこか不自然《ふしぜん》な気がしました。それに自然園《しぜんえん》に行くのにはロープウェーに乗らなければなりません。両足義足《りょうあしぎそく》でも、果《は》たしてロープウェーに乗って高原まで行くことができると判断《はんだん》したのかしら。私《わたし》は、どうしてそこに行きたいのかと尋《たず》ねました。兄はニコニコとうれしそうに、

「木道で歩く練習をしたい」

というのでした。どうせ外出をするのなら歩行練習も兼《か》ねたものにしたい。しかも病院内とは違《ちが》って周囲《しゅうい》にすがりつく手すりのない場所がいい。そして、たまたま転倒《てんとう》しても怪我《けが》をしない場所が理想的《りそうてき》——観光《かんこう》マップには自然園《しぜんえん》の湿地帯《しっちたい》に巡らされた木道の写真が載《の》っています。手すりのない木道の周囲《しゅうい》は一面の湿地帯《しっちたい》。ここならば比較的《ひかくてき》に安全にバランス感覚《かんかく》の練習ができるというのでした。あまりにも兄らしい発想に、私《わたし》は予想される危険《きけん》も忘《わす》れて、つい大きな笑《わら》い声をあげてしまいました。

家に帰り、このいかにも兄らしい希望《きぼう》を夫《おっと》に話すと、夫《おっと》も「義兄《にい》さんらしくて、面白いね」と、ケタケタ笑《わら》い始めました。ただ、初《はじ》めての外出でいきなりロープウェーで行く高原という点には賛成《さんせい》しかねたようです。

「転んでも怪我《けが》をせずに歩ければいいんだよね」

二人で身近かな場所を考えているうちに、格好《かっこう》の場所を思いつきました。病院から車で三〇分もかからないところに「牟礼《むれ》水芭蕉園《みずばしょうえん》」があったのです。私《わたし》も何度か訪《おとず》れたことがあるのですが、そこならば兄の目を引いた木道と湿地帯《しっちたい》もあります。

兄の事故後《じこご》、初《はじ》めての外出の当日、病院に車で迎《むか》えに行った夫《おっと》と私《わたし》は、兄の姿《すがた》を見て思わず吹《ふ》き出しました。なんと兄は、Tシャツに海水パンツという格好《かっこう》で私《わたし》たちを待っていたのでした。本人なりに準備万端《じゅんびばんたん》、整えたようなのです。やる気満々《まんまん》で喜色満面《きしょくまんめん》、私《わたし》は、込《こ》みあげる笑《わら》いをこらえながら、兄の本気に少し感動もしていました。

湿地帯《しっちたい》に着き、車から駐車場《ちゅうしゃじょう》に一歩踏《ふ》み出す。すぐによろめく。病院内の平らなフロアでしか歩行練習をしていなかったため、駐車場《ちゅうしゃじょう》のわずかな水勾配《みずこうばい》さえも、義足《ぎそく》には難敵《なんてき》のよう。兄は立ち止まったまま、眉間《みけん》にシワを寄《よ》せ、真剣《しんけん》な表情《ひょうじょう》で考えている。また一歩。今度は平均台《へいきんだい》上《じょう》の体操選手《たいそうせんしゅ》のように、両手を広げてバランスを取っている。

〈転んでしまうのでは?〉

心配でたまらない私《わたし》の気持ちをよそに、兄は体をフラフラと左右に揺《ゆ》らしながら、ゆっくりと湿地帯《しっちたい》の木道のほうに進んで行きました。

「大丈夫《だいじょうぶ》かしら?　危なくない?」

夫《おっと》に聞くと、

「義兄《にい》さんは目的《もくてき》を持ってきてるんだから、大丈夫《だいじょうぶ》だよ」

夫《おっと》はサラリといってのけ、気持ちよさそうに天を仰《あお》いで牟礼《むれ》の澄《す》んだ空気を吸《す》い込《こ》んでいます。

兄はまるで、ヨチヨチ歩きを始めたばかりの赤ちゃんのよう。私《わたし》は郊外《こうがい》の空気のおいしさも忘《わす》れ、勾配《こうばい》がつづくとつい手を貸《か》しそうになる。そのつど、

〈いけない。兄はバランス感覚《かんかく》を身につけようと必死《ひっし》なのだから〉

と、自分にいい聞かせる。

木道の湿《しめ》ってヌルヌルとした部分があると、兄はわざわざそこを選《えら》んで歩みを進める。試《ため》せることはすべて試《ため》したいというかのように。

夫《おっと》は気持ちよさそうに、木道をどんどんと先に行き、兄のことを振《ふ》り返りもしない。

「ねえ、落ちても怪我《けが》しないっていうけど、落っこっちゃう姿《すがた》なんて、見たくない」

と、声をかけると、

「それなら、前を行けば」

そっけなく正論《せいろん》を吐《は》く。そして私《わたし》にいう。

「転んで怪我《けが》をするのが大変《たいへん》だから、落ちても大丈夫《だいじょうぶ》な湿地帯《しっちたい》にきてるんだよ。義兄《にい》さんのした

初《はじ》めての外出で牟《む》礼《れ》水《みず》芭《ば》蕉《しょう》園《えん》の木道をゆっくり歩いてみる（2001 年 7 月）

いようにさせてあげなよ」

助けが必要《ひつよう》だと本人がいったなら、そのときに助けてあげればいいと、夫《おっと》はいうのです。

〈確《たし》かに、そのとおりだけど……〉

私《わたし》は口をつぐむ。

兄はヌルヌルと滑《すべ》る木道の下り勾配《こうばい》にさしかかる。

両足の親指がないのよ。親指で踏《ふ》んばることができないのよ。いいえ、親指だけじゃない、全部の指がない！　指がないうえに足もない！　感覚《かんかく》がないのよ！

つい私《わたし》は、きつく兄に問いかける。

「滑《すべ》りやすい木の上を、義足《ぎそく》で下れると思ってるの！」

本人は目をパチパチとさせながら、

「どうして難《むずか》しいのか、その理由がわかれば工夫《くふう》が生まれる。そうすれば進めるよ」

子どものころから私《わたし》がよく知っている〝懲《こ》りない性格《せいかく》〟そのままに、腕《うで》をつかもうと差《さ》し出した私《わたし》の手に、首を横にふる。

「腕《うで》をつかまれちゃ練習にならない。なんのために水着で来たと思ってるの？」

兄の言葉に私《わたし》は、できるだけ兄から目をそむけて湿地帯《しっちたい》に咲《さ》く花々を見やる。それでも心配は

治《おさ》まらない。頭部の障害《しょうがい》のことも気にかかり、

「ひょっとして、お兄ちゃんたら、自分が両足義足《りょうあしぎそく》ということを認識《にんしき》できていないんじゃない？」

と、夫《おっと》の顔をのぞき込《こ》む。夫《おっと》は、

「認識《にんしき》できてるから、練習してるんだよ」

簡単《かんたん》だが、少しだけ強い語調で答える。

すっかり気疲《きづか》れして帰宅《きたく》したその夜、夫《おっと》が、

「義兄《にい》さんの発想って面白いね」

と、話しかけてきました。可能《かのう》なことを繰《く》り返すことに興味《きょうみ》がなく、できないことをどうすればできるようになるのかと、考えている様子が楽しそうだというのです。できるようになるために、自分がいま何ができないかを知ろうとする、その発想が面白いというのでした。そして、

「あれだけ気力があるんだから、行きたいという場所にはつれていき、やりたいということはやらせようよ」

ともいってくれました。私《わたし》は夫《おっと》の言葉を、小さくうなずきながら聞いていました。

「牟礼《むれ》の湿地帯《しっちたい》」への外出は、兄にとっても病院外の世界への大きな一歩となったようです。とりわけ、一般道《いっぱんどう》の勾配《こうばい》や傾斜《けいしゃ》が予想以上に義足《ぎそく》にとっての難敵《なんてき》であることがわかり、歩行への意《い》

欲《よく》を、さらにかき立てられたようでした。

外出以後《いご》、病院の敷地内《しきちない》での兄の練習に変化《へんか》が見られました。あえて勾配《こうばい》のあるところを歩く。斜《なな》めに踏《ふ》み出す。歩幅《ほはば》をひんぱんに変《か》える。そしてなんといっても練習量《れんしゅうりょう》が格段《かくだん》に多くなったのでした。もちろん、それにつれてベッドに座《すわ》って考え込《こ》む時間も大幅《おおはば》に増《ふ》えました。

「足の指――」

「踏《ふ》んばり――」

「角度、重心……」

あれこれと、周《まわ》りには意味不明《いみふめい》なことをつぶやきながら義足《ぎそく》を動かしているのでした。看護師《かんごし》さんは、

「島袋《しまぶくろ》さんの頭の中をのぞいて見たいわ」

などと、あきれ顔になる始末《しまつ》でした。病院の同室者たちも、

「今日はこんな変《へん》なことをしてたよ」

「何時間も同じことを繰《く》り返してるの」

「外で汗《あせ》びっしょりになってるよ」

私《わたし》の顔を見ると、だれもが兄の行状《ぎょうじょう》の報告《ほうこく》をしてくれるようになりました。ありがたかった

り、恥《は》ずかしかったり……。

ある日、

「義足《ぎそく》の足の部分に履《は》かせている靴《くつ》をスポーツシューズに替《か》えてみたい」

といい出しました。義足《ぎそく》についている靴《くつ》では、どうしても踏《ふ》んばりがきかないというのです。夫《おっと》はスポーツ用具店に出向いて、底部《ていぶ》ができるだけ滑《すべ》りにくい靴《くつ》を選《えら》んで兄にわたしました。すると、これが予想以上《いじょう》の効果《こうか》だったらしく、兄はその新しいシューズでうれしそうに練習を重ねるのでした。おそらく、考えに考えた末《すえ》に指定した靴《くつ》が思いどおりだったので、してやったりという気分だったのでしょう。

「ああ、走りたい」…………勉《つとむ》

五月九日に転院し、六月には平行棒《へいこうぼう》を使った訓練《くんれん》を始めて歩けるようになり、牟礼水芭《むれみずば》蕉園《しょうえん》に初《はじ》めての外出をしたのが七月だった。

その同じころ、義肢科《ぎしか》に実習でいらした稲葉智彦《いなばともひこ》さんというスポーツ科学の研究者が、一《いち》枚《まい》の写真を見せてくれた。

パラリンピックの写真だった。二〇〇〇年にシドニーで開かれたパラリンピックのスナップ写真で、短距離《たんきょり》レースを走る両足義足《りょうあしぎそく》の女性《じょせい》が写っていた。

「こんなになっても走っている」

衝撃《しょうげき》を受けると同時に、私《わたし》の目からなぜかしら涙《なみだ》がこぼれ出た。写真を見つめているうちに、なにかしら熱《あつ》いものが胸《むね》に込《こ》みあげてきて、ポロポロと涙《なみだ》が流れ落ちるのだった。

私《わたし》は稲葉《いなば》さんから、その写真をいただいた。

義足《ぎそく》でいい。義足《ぎそく》で普通《ふつう》に歩ければいい。私《わたし》は義足《ぎそく》の経営者《けいえいしゃ》として仕事をし、自分の責《せき》任《にん》を果《は》たせればいい。パラリンピックで走る必要《ひつよう》はない。パラリンピックは私《わたし》とは別世界《べっせかい》のことだ――ところが、いただいた写真を毎日眺《なが》めているうちに、自分も走れるんじゃないかと思い始めた。走ることを考えていると、走れるんじゃないかではなく、〝走れる〟と思うようになった。

われながら、単純《たんじゅん》な性格《せいかく》だ。つい、稲葉《いなば》さんに「私も走れますよね」と聞いてみると、稲葉《いなば》さんは、

「走れるようになりますよ。訓練次第《くんれんしだい》でね」

と、おっしゃる。その返事は、さらに強く私の気持ちをかき立てた。

事故後《じこご》、リハビリ訓練《くんれん》にも歩行練習にも、私《わたし》は一生懸命《いっしょうけんめい》に取り組んできた。だが、こんなにも心の底《そこ》から熱《あつ》く燃《も》えたぎるような欲求《よっきゅう》が生まれてきたのは、初《はじ》めてのことだった。

「ああ、走りたい！」

私《わたし》は稲葉《いなば》さんのところに行き、

「私《わたし》はフルマラソンを走りたい」

といってしまった。義足《ぎそく》で長時間走った前例《ぜんれい》はなく無理《むり》なことだと思われていたらしいのだが、稲葉《いなば》さんは「無理《むり》だ」とは断《だん》じなかった。少し困《こま》ったような表情《ひょうじょう》は浮《う》かべたも

の、

「短距離《たんきょり》がいいですよ、時間はかかるかもしれないですけどね」

決して否定《ひてい》はしなかった。時間はかかっても訓練《くんれん》をすれば走れるようになると知り、私《わたし》の気持ちは浮《う》き立った。

もはやマラソンランナー気分。病室にくる看護師《かんごし》さんに、

「マラソンに出るから、いっしょに出ようよ」

と、誘《さそ》いをかける。

「島袋《しまぶくろ》さんが出るんだったら、私《わたし》もいいですよ」

快《こころよ》く答える。次にきた看護師《かんごし》さんも、

「私《わたし》はテニスできたえているから」

という。リハビリの先生も、

「ぼくもマラソンを走ってるんだよ」

即座《そくざ》に同意する。

「じゃあ、これから練習を始めなきゃ」

とは、装具士《そうぐし》さんだ。

すっかりうれしくなった私《わたし》は、この際《さい》だから看護師《かんごし》さん全員にいっしょに出てほしくなり、ある看護師《かんごし》さんに相談した。彼女《かのじょ》は、

「師長《しちょう》さんの許《ゆる》しがあれば、みんな走らせてくれるはずよ。師長《しちょう》さんにおいいなさい」

とアドバイスをくれた。師長《しちょう》さんは五〇代。彼女《かのじょ》は無理《むり》でも他の看護師《かんごし》さんを走らせてくれるのならと、師長《しちょう》さんのもとに行き許可《きょか》を求めると、

「私《わたし》も走るわ」

軽く胸《むね》を叩《たた》いて承《う》け合った。

そのとき、私《わたし》は初《はじ》めて気がついた。だれも本気にしていなかったのだ、と。

ショックだった。ショックではあったが、逆に、

「ああ、絶対《ぜったい》にマラソンに出たい。四二・一九五キロを義足《ぎそく》で走りたい」

と、さらにマラソンへのあこがれが大きくふくらむのを覚《おぼ》えた。このときに、私《わたし》のまだ障害《しょうがい》の残《のこ》る頭の中に「マラソン」の一語がきちんと情報《じょうほう》としてインプットされたのだった。

私《わたし》のマラソンへの意欲《いよく》を、周囲《しゅうい》が〝できもしないこと〟と軽く考えているのを知ったのはショックだった。だけど、めげてはいられない。マラソンを走るためには、もっと義足《ぎそく》

での歩行を完全《かんぜん》なものにしなければならない。私《わたし》は自分に課《か》す訓練《くんれん》をさらにハードなものにしていった。

病院は三階建《さんがいだ》てだった。私《わたし》は朝の六時に起きると、一階から三階まで階段《かいだん》の上り下りの練習をした。さらに病院内をくまなく歩きまわった。予定されているリハビリの時間と食事時以外は、ほとんどを歩行訓練《ほこうくんれん》にあてた。結局《けっきょく》、夕方にはクタクタになり、フラフラ歩いている。看護師《かんごし》さんは、

「どうして、そこまでやろうとするの」

と叱《しか》るのだが、私《わたし》はひとつのことに熱中《ねっちゅう》すると、限度《げんど》というものを知らない。自分が納得《なっとく》いくまでやりつづけてしまう。他の患者《かんじゃ》さんたちは看護師《かんごし》さんに、「リハビリ、がんばってね」と声をかけられるのだが、私《わたし》に限《かぎ》っては、

「リハビリをやりすぎないで」

注意をする看護師《かんごし》さんとの、闘《たたか》いのような日々だった。

ただ、私《わたし》がそこまで無理《むり》を重ねたのには理由がある。義足《ぎそく》にトラブルが出るのなら、入院中に出てほしいと思っていたのだ。退院《たいいん》したあとに不具合《ふぐあい》が生じては、仕事にも生活にも差《さ》し障《さわ》りがある。まして生活の本拠地《ほんきょち》は沖縄《おきなわ》だ。トラブルが発生したからといって、そ

んなに簡単《かんたん》にはここまで飛《と》んでくるわけにはいかない。そんな気持ちがあって、義足《ぎそく》に負荷のかかる訓練《くんれん》を選《えら》んでいたのだった。

病院内と、病院の外周《がいしゅう》を歩きまわるうちに、同じ道筋《みちすじ》、同じ風景《ふうけい》にだんだんあきてきて、つまらなくなった。もう少し距離《きょり》を延《の》ばして、遠出気分を味わいたくなった。

病院からおよそ一キロほどのところを千曲川《ちくまがわ》が流れている。同室の患者《かんじゃ》さんたちがときどき、「千曲川《ちくまがわ》に行ってきた」とか「あれはいい川だ」とか話すのが私《わたし》の耳にも入っていた。で、ある日、突然《とつぜん》、

「千曲川《ちくまがわ》を歩いて見てきたよ」

と、胸《むね》を張《は》っていう自分の姿《すがた》を想像《そうぞう》してしまった。こうなるともう止まらない。病院外での歩行訓練《ほこうくんれん》の距離《きょり》を少しずつ延《の》ばしながら、その機《き》をうかがった。が、病院の出入口が開くのは朝の六時と決まっていた。そして八時が朝食。朝食前に歩ける時間は二時間しかなく、それでは千曲川往復《ちくまがわおうふく》は無理《むり》なのだった。せめて四時間なければ——。

と、ある朝、病院の出入口の鍵《かぎ》が、なんと自分で簡単《かんたん》に開けられることに気がついた。そうとなれば話は早い。私《わたし》は翌朝《よくあさ》、四時前に病院を抜《ぬ》け出すと、勇《いさ》んで千曲川《ちくまがわ》に向かった。往《おう》路《ろ》に二時間、復路《ふくろ》に二時間。たどり着けなくても二時間で引き返す、と心に誓《ちか》って——。

二時間が過《す》ぎた。帰らなきゃ。が、音がする。川の流れる水音がする。千曲川《ちくまがわ》がすぐ目の前を流れている。もう、引き返すなんてできない。河原《かわら》につづく草むらを突《つ》っ切れば、川の流れが見られる。

私《わたし》は草むらに向かって踏《ふ》み出した。なんと草むらにはツタが這《は》っていた。あっという間に義足《ぎそく》にツタがからまり、私《わたし》はひっくり返ってしまった。あわてて立とうとすると、今度は手に痛《いた》みが走る。下生えの木々を見ると、みんなトゲが生えているのだった。手の力で立ち上がることもできない。這《は》って行こうにもツタが義足《ぎそく》にからまる。すでに朝食時間には間に合わなくなっている。「病院に連絡《れんらく》しなきゃ」とポケットを探《さぐ》ったが、携帯電話《けいたいでんわ》が入っていない。この朝に限《かぎ》って携帯電話《けいたいでんわ》を忘《わす》れている。

やっとの思いで草むらを抜《ぬ》け出て、とぼとぼと病院に向かっていると、いきなり看護師《かんごし》さんが運転する四輪駆動車《よんりんくどうしゃ》が、キーッと音を立てて目の前に止まった。

「急いで乗って！」

と、血相を変《か》えていう。もう病院が見えている。あと少し歩けば〝千曲川往復《ちくまがわおうふく》〟に成功《せいこう》するのに——本当は川を見てないのだが——と思ったが、看護師《かんごし》さんのあわてぶりに気圧《けお》され、「歩かせて」とはいい出せなかった。車は急発進すると、病院の正面玄関《しょうめんげんかん》を素通《すどお》りして裏口《うらぐち》にまわった。そして私《わたし》を裏口《うらぐち》からこっそりと院内に入れてくれた。

病室に戻《もど》ると、同室の人たちが大騒《おおさわ》ぎしていた。

「なにやってんの島袋《しまぶくろ》さん。正面玄関《しょうめんげんかん》にゃ捜索隊《そうさくたい》が整列してるよ！」

院内では私《わたし》が行方不明《ゆくえふめい》になったと騒動《そうどう》になり、捜索隊《そうさくたい》が結成《けっせい》されているとのことだった。車で迎《むか》えにきた看護師《かんごし》さんは、少しでも私《わたし》の立場が悪くならないようにと、裏口《うらぐち》から入れて自力で帰ってきたように見せかけてくれたのだった。

私《わたし》はだれにも知られることなく病院を出たつもりだった。が、五時の看護師《かんごし》巡回《じゅんかい》のときには、ベッドにいないことをチェックされていた。そして八時の朝食時にもいない。看護《かんご》師《し》さんの、「心当たりは」という問いかけに、同室の一人が、

「そういえば、千曲川《ちくまがわ》までの行き方をきいていたよ」

と、ヒントを与えたようだ。そこで病院中が大騒《おおさわ》ぎとなった。車で私《わたし》を迎《むか》えにきてくれた看護師《かんごし》さんは、私《わたし》がヨタヨタと歩いているのを見たという見舞《みま》い客《きゃく》の報告《ほうこく》で、すぐさま飛《と》び出してきたらしいのだ。

この〝武勇伝《ぶゆうでん》〟、いや〝愚行《ぐこう》〟で、私《わたし》の名前はすっかり病院中に知れわたってしまった。そして、もっともいけなかったのは、看護師《かんごし》さんたちに「要警戒患者《ようけいかいかんじゃ》」というレッテルを

貼《は》られてしまったことだ。さらに心配だったのは「妹にバレやしないか？」ということだった。

兄が行方不明《ゆくえふめい》に…………智美《さとみ》

バレるもバレないもあるものですか。当日の朝八時過《す》ぎには看護師長《かんごしちょう》さんから自宅《じたく》にちゃんと電話で連絡《れんらく》が入っていました。

「お兄さんが見当たりません。九時まではお待ちしますが、九時を過《す》ぎたら捜索隊《そうさくたい》を出動させます。お兄さんから何か連絡《れんらく》がありましたら、すぐに病院のほうへお知らせください」って――。

兄の〝行方不明《ゆくえふめい》〟がこれほど大きな騒《さわ》ぎになった一因《いちいん》には、兄と病院側《びょういんがわ》、そして兄をよく知る私との、三者の間に横たわる「温度差《おんどさ》」があったと思います。兄の思考回路や行動パターンについての、認識度《にんしきど》の〝差《さ》〟です。

看護師《かんごし》さんから「もっとセーブして」といわれるほどの兄の歩行訓練《ほこうくんれん》への熱中《ねっちゅう》は、私《わたし》にとっては「やり始めると、ああだもんね」と軽くかわせるくらいに当然《とうぜん》のことなのです。だけど病院側《びょういんがわ》にしてみれば、

「あんなに思い詰《つ》めちゃって……」

ということになります。千曲川《ちくまがわ》に行くことも、私《わたし》には「今度は千曲川往復《ちくまがわおうふく》を目標《もくひょう》にしたんだな」と理解《りかい》できても、病院では、

「千曲川《ちくまがわ》？　ひょっとして入水《じゅすい》でも」

最悪《さいあく》の事態《じたい》を考えるのです。

「がんばらないでいいですよ」

「能力《のうりょく》の高かった人に限《かぎ》って、失望《しつぼう》も大きくなるんです」

「精神的《せいしんてき》な落ち込《こ》みには、家族の方が敏感《びんかん》になってやってくださいね」

私《わたし》は、遠まわしではあったが、日ごろからこんな言葉をかけられていました。とてもありがたい心づかいでしたが、兄の〝天然《てんねん》〟といっていいほどの前向きな性格《せいかく》を承知《しょうち》している私《わたし》には、「そんな心配は無用《むよう》なのに」という思いがありました。いずれにせよ、病院には多大なご迷惑《めいわく》をおかけした、とんだ「歩行訓練《ほこうくんれん》」でした。

別《べつ》に信州観光《しんしゅうかんこう》シリーズをお話しようというわけじゃないのですが、千曲川《ちくまがわ》につづいて「善光寺《ぜんこうじ》参《まい》り」がありました。入院した当初から同じ病室の方が、外出したり外泊されると「善光寺《ぜんこうじ》のおやき」とか善光寺《ぜんこうじ》で買ったおみやげを分けてくださっていました。また、病院内での会話には「善《ぜん》光寺《こうじ》の北側《きたがわ》」とか「南側《みなみがわ》」というように、ひんぱんに〝善光寺《ぜんこうじ》〟が出てくるのでした。そんな会

話を何度も耳にしていた兄は、

「善光寺《ぜんこうじ》はここからだとどのように行くんですか?」

と、隣《となり》のベッドの患者《かんじゃ》さんに尋《たず》ねていました。親切なことに、患者《かんじゃ》さんは何日かあとに「長野《ながの》市内マップ」を兄にプレゼントして、地図を開いて善光寺《ぜんこうじ》への道順《みちじゅん》を説明《せつめい》してくださったのです。

兄は仕事でも旅行でも、自分で運転する自家用車以外《いがい》にはバスもタクシーも使わず、行きたいところへは歩いて移動《いどう》するというポリシーを持っていました。休診日《きゅうしんび》でリハビリの予定もないある土曜日の午後、夕方までの間に善光寺《ぜんこうじ》まで行って帰ってくるといい出しました。片道《かたみち》一〇キロ、往復《おうふく》二〇キロ。〝千曲川事件《ちくまがわじけん》〟からまだ一カ月もたっていないのにと、私《わたし》は少しムッとしました。「途中《とちゅう》で何かあったら、どうするの? さらに要注意人物《ようちゅういじんぶつ》になっちゃうでしょ」。それでも、兄のやりたいことは止めたくありません。とにかく「勝手な行動はしない」と約束《やくそく》させて、いっしょについて行くことにしました。

兄はことのほか上機嫌《じょうきげん》で歩きつづけました。が、行きはよいよい帰りはこわい、です。帰り道、兄の足取りがすっかり重くなったのです。苦痛《くつう》に顔をしかめ、肩《かた》で息をするようにあえぎながら歩を進めるのです。ガードレールに腰《こし》をかけさせて義足《ぎそく》を脱《ぬ》がせると、兄の膝下《ひざした》の皮膚全体《ひふぜんたい》が水疱《すいほう》のようになって腫《は》れ上がっていました。義足《ぎそく》の内部と皮膚《ひふ》が擦《す》れて炎症《えんしょう》を起こしていたのです。

「ここで待っていて、私《わたし》が病院に戻《もど》って車で迎《むか》えにくるから」

といって私《わたし》が走り出すと、兄はヨロヨロと追いかけてきます。「勝手はしないっていったでしょ」

といい聞かせても、

「せっかくここまで来たんだから、途中《とちゅう》でやめさせないで」

と、追いかけてくるのです。何度かそんなことを繰《く》り返すうちに、とうとう病院までたどり着いてしまいました。

結局《けっきょく》、病院に着いたと同時にバッタリ。そのまま動けなくなってしまいました。それでも気力でやりとげたという充実感《じゅうじつかん》があるのか、顔には笑《え》みを浮《う》かべているのでした。

現状《げんじょう》を受け入れよう…………勉《つとむ》

千曲川《ちくまがわ》に行ったり、善光寺《ぜんこうじ》往復《おうふく》を試《こころ》みていたころ、私《わたし》は「人間の体というのはよくできているなあ」と、つくづく感じていた。

頭ってよくできているな、目って、足って、みんなよくできているな、と。が、そのひとつである足がなくなった。これを義足《ぎそく》で補《おぎな》ってやらなければならない。補《おぎな》う、補《おぎな》う、補《おぎな》う——そう考えているうちに、どうして自分は失《な》くなったところのことばかり気にかけているんだろう、と疑問《ぎもん》に思い始めた。「よくできているところ」が、ほかにもたくさん残《のこ》っているじゃないか。それならば、残《のこ》っている部分の能力《のうりょく》を高める努力《どりょく》をしよう。そう思いついたときから、筋力《きんりょく》トレーニングの方法《ほうほう》を自分なりに変《か》えた。また、今回の手術《しゅじゅつ》で麻《ま》酔《すい》や痛《いた》み止めを多量《たりょう》に摂取《せっしゅ》したことを考えて、定期的にかなり多めの水を飲むように努《つと》めた。以前《いぜん》から健康《けんこう》によい食事を心がけていたが、さらに意識的《いしきてき》に体の状態《じょうたい》を良《よ》くするように考えた。

ともあれ、つまるところ私《わたし》は、「現状《げんじょう》を受け入れよう」という〝意志《いし》〟を持ち始めたのだった。そして導《みちび》き出した結論《けつろん》は、三つあった。

一つ、「足があれば」という言葉を使わない

二つ、「足がないからできない」と言い訳《わけ》をしない

三つ、足だけではなく、記憶《きおく》の問題も含めて「障害《しょうがい》を隠《かく》さない」

この三つを実行することが、私《わたし》にとって「現状《げんじょう》を受け入れること」だ、と決めたのだ。

私《わたし》が病院関係者《びょういんかんけいしゃ》の顰蹙《ひんしゅく》や、周囲《しゅうい》の人たちの失笑《しっしょう》を買いながらも積極的《せっきょくてき》に外出を重ねたのは、この〝現状受容《げんじょうじゅよう》〟の実行という意味も持っていたのだ。

牟礼《むれ》水芭蕉園《みずばしょうえん》、千曲川《ちくまがわ》、そして善光寺《ぜんこうじ》への外出で知ったのは、私《わたし》は〝人混《ひとご》みの中を歩けない〟と思い込《こ》んでいる、ということだった。牟礼《むれ》では木道だった。千曲川《ちくまがわ》へは早朝の時《じ》間帯《かんたい》を選《えら》んだ。善光寺《ぜんこうじ》では妹がいっしょだった。無意識《むいしき》のうちに、私《わたし》は人混《ひとご》みを避《さ》けていた。このままでは通常《つうじょう》の生活に戻《もど》れない。私《わたし》はどうしても人混《ひとご》みの中を歩く練習が必要だと思った。が、長野《ながの》にはそもそも人混《ひとご》みがなかった。

私《わたし》はそれとなく、どこか人出の多いところがないかを、周囲《しゅうい》の人たちに聞きまわった。すると、長野駅前《ながのえきまえ》から善光寺《ぜんこうじ》にかけて開かれる「びんづる祭り」が、けっこうな人出でにぎ

わうという。しかもその祭りは次の土曜日だというのだ。

「これはぜひ行かねば！」

八月のある土曜日。この週末《しゅうまつ》だけは妹夫婦《いもうとふうふ》に予定が入っていて、これまた自分には好都合《こうつごう》。私《わたし》は昼から夜九時までの外出届《がいしゅつとどけ》を病院に提出《ていしゅつ》し、一人で出かけることにした。善光寺《ぜんこうじ》までの片道《かたみち》一〇キロは義足《ぎそく》で歩く。帰りは長野駅《ながのえき》から電車に乗る。時間が遅《おそ》くなった場合はタクシーに乗る――こう決めた私は、携帯電話《けいたいでんわ》をしっかりとにぎりしめて病院をあとにした。

いざ人混《ひとご》みの中に足を踏《ふ》み出すと、すぐにこれが無謀《むぼう》な試《こころ》みだったことに気づかされた。後ろから押《お》される。横を歩く人の肩《かた》が触《ふ》れる。そのたびに微妙《びみょう》にバランスが崩《くず》れて次の一歩が出ない。おまけに義足《ぎそく》には感覚《かんかく》がないので、足を踏《ふ》んでもわからない。なんて私《わたし》は甘《あま》い考えだったのか！　タクシーを、なんて思っても人混《ひとご》みの中では止めようがないじゃないか！　顔面は汗《あせ》にまみれ、背筋《せすじ》を冷汗《ひやあせ》が伝《つた》う。予定の九時になんて帰れない。それでもスゴスゴと引き返すわけにはいかない――。おっと、病院にケータイだ。

「すいません、ちょっと遅《おく》れそうなんですけど」

「妹さんもごいっしょですよね？」

ハイ、ともいえず黙《だま》り込《こ》むと、

「じゃ、裏口《うらぐち》を開けておいてあげるから、一〇時までには帰ってきてください」

やさしい看護師《かんごし》さんの声に「ホッ」と一安心。なんとか長野駅《ながのえき》から電車に乗って病院に戻《もど》った。しかし、外出からの帰りが予定より一時間遅れた報告《ほうこく》はしっかりなされていた。翌《よく》朝《あさ》、師長《しちょう》さんから、

「島袋《しまぶくろ》さん、どこへ行ってきたの?」

と尋《たず》ねられたときには、ただニッコリと会釈《えしゃく》を返すしかなかった。入院中の〝単独行《たんどくこう》〟はこれ一度きり。あとは妹《いもうと》夫婦《ふうふ》が常《つね》にいっしょだった。

このころの私《わたし》の歩行時速は平均《へいきん》二〜三キロだった。善光寺《ぜんこうじ》への往復《おうふく》二〇キロに要《よう》した時間は八時間強だった。まだ切断《せつだん》から四カ月ほどで、しかも切断部《せつだんぶ》に脂肪分《しぼうぶん》が残《のこ》っていた。やがて脂肪《しぼう》が落ちて足の太さが一定に固《かた》まるのだが、この当時は切断部《せつだんぶ》を覆《おお》う断端袋《だんたんぶくろ》を何枚も持ち歩いていた。ストッキングのように薄《うす》いものから、靴下《くつした》のように厚《あつ》いものまで何種類もの断端袋《だんたんぶくろ》で義足《ぎそく》の装着部《そうちゃくぶ》とのフィットの具合を確《たし》かめながら、調整しなければならなかった。

まだ切断部《せつだんぶ》が固《かた》くなっていなかったので、歩いて汗《あせ》を出すと痛《いた》みが出る。厚《あつ》みを考えな

がら袋《ふくろ》を一枚《いちまい》重ねる。やがて足が熱《ねつ》を持ち、腫《は》れる。一枚《いちまい》はずす――このように外出先で、自分で調整しながら歩いていたのだ。

退院《たいいん》したあとで自分の行きたいところに行けないのでは困《こま》る。どんな乗り物があっても最終的《さいしゅうてき》に目標《もくひょう》に接近《せっきん》する際《さい》には、自分の足が必要《ひつよう》になる。そのためには歩けなきゃ――この思いだけはずっと強く持ちつづけた。

私《わたし》は、自分ができないことを発見したかった。発見すれば解決策《かいけつさく》を考えられる。解決《かいけつ》すれば次のステップに進める。私《わたし》は必死《ひっし》で〝できないこと探《さが》し〟に熱中《ねっちゅう》した。できることをやってもしかたがなかったのだ。

外出後、水疱《すいほう》が傷《きず》になって痛《いた》み、ベッドに横たわっているしかないとき、私《わたし》は頭の中でイメージトレーニングを行った。そして、残《のこ》された機能《きのう》を向上させるため、ベッド上でできる筋力《きんりょく》トレーニングをつづけた。

「あそこをどうやって歩いてやろうか」

「義足《ぎそく》のあの部分を調整すれば……」

次回のトライでこうしたイメージが確認《かくにん》できると、筋力《きんりょく》トレーニングにもさらに熱《ねつ》が入った。

転落したらどうするの！…………智美《さとみ》

びんづる祭りから間もない八月のお盆休《ぼんやす》み。病院が住宅《じゅうたく》での生活体験《せいかつたいけん》のための外泊許可《がいはくきょか》をくださったので、私《わたし》たち夫婦《ふうふ》は兄を八方尾根《はっぽうおね》につれて行くことにしました。ゴンドラで尾根《おね》まで上り、雪渓《せっけい》の残《のこ》る高山の清々《すがすが》しい空気を味わい、白馬連峰《はくばれんぽう》を眺《なが》めながら持参《じさん》した弁当《べんとう》を楽しむというのが、私《わたし》たちの立てたプランでした。

いざゴンドラ乗り場に着いてみると、早朝というのにまるでラッシュアワーのような登山者の数でした。ゴンドラならば、足に負担《ふたん》をかけることなく高所に登れる。そんな甘《あま》い考えだったのが、ゴンドラに乗ることさえやっとという人混《ひとご》みでした。

ゴンドラから降《お》りた登山者たちは、列をなして八方池《はっぽういけ》に向かう登山道を登り始めました。私《わたし》と夫《おっと》が降《お》りると、先に降《お》りたはずの兄の姿《すがた》が見えません。あわてて周《まわ》りを見わたすと、なんと色とりどりの登山服をまとって先を急ぐ登山者の列の中に、ぎこちなく義足《ぎそく》を運ぶ兄が混《ま》じっていました。

〈なんてことなの。こんなに石がゴロゴロしている登山道を登っていくなんて！　転落したらどうするの！〉

私《わたし》は叫《さけ》び出したくなる気持ちを抑《おさ》えて、登山者たちをかき分けるように兄を追いかけました。どうにか追いついて、

「義足《ぎそく》で山道を登るなんて、何を考えているのよ。どこに行こうっていうの」

と、私《わたし》は少しけわしい声で問いつめました。

「どこって、八方池《はっぽういけ》でしょ。登らなきゃ池までいけないじゃないか?」

なぜ叱責《しっせき》を受けなければならないのかわからないといったふうで、兄はいくぶん不満《ふまん》そうにいい返すのでした。

ゴンドラ乗り場には、池面に白馬三山《はくばさんざん》を美しく映《うつ》す八方池の観光《かんこう》ポスターが貼《は》ってありました。そして八方池《はっぽういけ》までの距離《きょり》やコースも表示《ひょうじ》されていました。兄はそれらを見て、ゴンドラに乗るからには八方池《はっぽういけ》まで行くものと、勝手に思い込《こ》んでいたらしいのです。

しかし、私《わたし》は兄を危険《きけん》に追い込《こ》むわけにはいきません。なんとか下山するように説得《せっとく》するしかない。だけど、登山者の流れは上へ上へとつづき、むしろ流れにさからって下るほうが危険《きけん》な状《じょう》況《きょう》でした。兄も「せっかくここまできたというのに」と、まだ登りたい様子です。結局《けっきょく》、兄の

希望《きぼう》を優先《ゆうせん》させ、本人が納得《なっとく》できるところまで登らせることにしました。

予想外のできごとが起きたのは、それからしばらく登ってからのことでした。登山という、ふだんより激《はげ》しい運動をしたために、義足《ぎそく》の中に汗《あせ》がたまり始めたのです。汗《あせ》がたまると、義足内《ぎそくない》で足の切断部《せつだんぶ》が滑《すべ》り皮膚《ひふ》が熱《ねつ》を持ち始めます。私《わたし》は登山道の脇《わき》の岩に兄を腰《こし》かけさせて義足《ぎそく》を脱《ぬ》がせました。義足《ぎそく》にたまった汗《あせ》を捨《す》てて内部をぬぐい、兄の足を乾《かわ》いた布《ぬの》でふく。そして義足《ぎそく》を履《は》かせる。

「しまった！」

兄が顔をゆがめる。義足《ぎそく》で立ち上がったのですが、脱《ぬ》ぐ前のようにピッタリとフィットしないというのでした。

義足《ぎそく》の装着《そうちゃく》は、脚部《きゃくぶ》をまずまっすぐに入れるのが基本《きほん》です。そのうえで平坦《へいたん》なところに立ち、装着具合《そうちゃくぐあい》を微調整《びちょうせい》して慣《な》らすのです。傾斜地《けいしゃち》では、最初《さいしょ》からまっすぐに立つということができません。したがって調整そのものも不可能《ふかのう》なのです。

山道は当然《とうぜん》のこと、傾斜《けいしゃ》しています。おまけにゴロゴロとした石だらけで、足場が不安定《ふあんてい》です。慣《な》らし合わせようにも平らな面などどこにもないのでした。なんとかシックリさせようと、何度も義足《ぎそく》を合わしているうちに、最悪《さいあく》の事態《じたい》が起きました。足の骨《ほね》が痛《いた》み出したのです。足の肉や皮膚《ひふ》の痛《いた》みはなんとかこらえられても、骨《ほね》が痛《いた》むと義足《ぎそく》が履《は》けなくなるのです。兄は両目を固《かた》くつむり、鼻にシワを寄《よ》せて痛《いた》みに耐《た》えています。そして、

「だ、大丈夫《だいじょうぶ》だよ。しばらくするとよくなる」

と強がりをいうのです。

夫《おっと》は天気の心配をしています。午後になると霧《きり》が発生する可能性《かのうせい》が高くなる。霧《きり》で見通しが悪くなったり、あるいは霧《きり》が雨に変《か》わったりすると、兄を伴《ともな》った下山はかなり難《むずか》しいものになるはずだというのです。夫《おっと》はいざとなったら、兄をおぶって下山するつもりになっていました。そして本当に天候《てんこう》が悪化するようだったら、ためらわずに救助《きゅうじょ》のヘリコプターを頼《たの》むともいい切りました。

登山者たちは、義足《ぎそく》を脱《ぬ》いで切断部《せつだんぶ》をむき出しにして岩に座《すわ》る兄の姿《すがた》を見て、みんな驚《おどろ》きの表情《ひょうじょう》を隠《かく》しません。大丈夫《だいじょうぶ》かな？　どうやってここまで登ったんだろう？　心配混《しんぱいま》じりのひそやかな声が耳に届《とど》く。正直なことに、本当に目を白黒させる人もいる。顔をそむける人も、何度も振《ふ》り返る人もいる。

〈当然《とうぜん》だわ〉

と、私《わたし》は思う。それでも気分が落ち込《こ》まないように、

「見て、山がきれいね」

つい、場違《ばちが》いを承知《しょうち》で明るくいってしまうのでした。

そんな気配りを知ってか知らずか、兄はもっとトンチンカンなことをいう。

「あと、どれぐらいで八方池《はっぽういけ》なの？」

夫《おっと》と私《わたし》の心配などどこ吹《ふ》く風。痛《いた》みがおさまったら、また登ろうとしているのでした。

しぶる兄をなだめて下山してきたのですが、事前に三人できっちりとした行動予定を立てずに、美しい風景《ふうけい》が兄の心をなごますはずという、私《わたし》たち夫婦《ふうふ》だけの思い入れで出かけたのが、最大《さいだい》の失敗《しっぱい》でした。ああいう兄だと、十分にわかっていたのに――。

そんなことがあった以降《いこう》も、私《わたし》たちは兄の外出には積極的《せっきょくてき》につき合いました。すでに兄は、退《たい》院後《いんご》にできるだけ他人《ひと》の手を借《か》りず、自分の「足」で自立していこうと心を固《かた》めていることが、そばについていて手に取るように理解《りかい》できたからです。

八方尾根事件《はっぽうおねじけん》から一カ月後。兄はまたまた私たちにスリリングなシーンを見せてくれました。

その日、私《わたし》たち三人は白馬渓谷《はくばけいこく》で夏の名残《なご》りを楽しんでいました。壮大《そうだい》な山懐《やまふところ》に抱《いだ》かれ、渓《けい》谷《こく》の清流を眺《なが》めて過《す》ごす静《しず》かなひととき。

夫《おっと》は盛夏《せいか》のころより少し涼味《りょうみ》を増《ま》した風を受けながら昼寝《ひるね》。

私《わたし》は大好《だいす》きなチョコレートをひとかけら口にふくんでは、ポットに入れてきた熱《あつ》いコーヒーをすする。

沖縄《おきなわ》生まれ、沖縄暮《おきなわぐ》らしの兄は、シャツをはだけて日光浴《にっこうよく》。

澄《す》みわたった大気。渓谷《けいこく》にしぶく水音。そしていくつもの鳥の声――突然《とつぜん》の事故《じこ》。両足切断《りょうあしせつだん》。転院。義足《ぎそく》……あわただしく過《す》ぎた五カ月間のことを断片的《だんぺんてき》に思い浮《う》かべていると、いま信州《しんしゅう》の大自然《だいしぜん》をゆったりと満喫《まんきつ》できているのがうそのように思えるのでした。

コーヒーのポットを片づけるために、後ろを振《ふ》り返る。

〈まさか！〉

視線《しせん》の先に、渓谷《けいこく》にかかった古びた吊《つ》り橋をわたっていく人影《ひとかげ》が見える。ブルーのシャツ。短パン。陽光にキラリと光る脚部《きゃくぶ》。

〈お兄ちゃんだ！〉

かたわらで眠《ねむ》っている夫《おっと》を叩《たた》き起こす。兄を指差《ゆびさ》す。

「エーッ！　吊《つ》り橋？」

夫《おっと》は飛《と》び起きるや、すぐさま吊《つ》り橋に向かって走る。私《わたし》も追いかける。

〈もう、私《わたし》たちの思いもつかないことをしでかすんだから。足を踏《ふ》みはずしたら、どうするの〉

胸苦《むなぐる》しさで息がつまる。

吊《つ》り橋の手前まで行ったものの、私《わたし》たちが踏《ふ》み出すわけにはいかない。兄一人の重さでさえ、橋はゆらゆらと揺《ゆ》れつづけている。

兄は吊《つ》り橋のワイヤーを両手でつかみ、どうにか前に進んでいる。一歩進むたびに、橋はその揺《ゆ》れを大きくする。

「大丈夫《だいじょうぶ》なの？　怖《こわ》くないの？」

大声で叫《さけ》ぶ。

「かなり、揺《ゆ》れるね！」

のんきな返事が戻《もど》ってくる。

吊《つ》り橋は古く錆《さ》びたワイヤーで吊《つ》られている。歩行部分には五〇センチ間隔《かんかく》ほどで横に四角いパイプがわたされている。パイプの上には幅《はば》二〇センチぐらいの古びた板が二枚《にまい》、ずらりと敷《し》かれているだけ。板敷《いたじき》以外《いがい》の部分には何もない。もし、その部分に義足《ぎそく》を踏《ふ》み入れてしまったら、兄はあっけなく渓谷《けいこく》に転落してしまうだろう。

ついさきほどまで、ぶつかってくだける清流と美しいコントラストを見せていた川床《かわどこ》の岩肌《いわはだ》が、いまは兄の転落を待ち受ける凶器《きょうき》のように思えてくる。川音さえも不吉《ふきつ》な伴奏音《ばんそうおん》のように聞こえる。

「義兄《にい》さんは、ちゃんと考えてわたっているから大丈夫《だいじょぶ》」

夫《おっと》は私《わたし》を落ち着かせようと、いつもよりゆったりと話しかけてくれる。

だけど、私《わたし》の心配はおさまらない。転落したら？　怪我《けが》したら？　病院にはなんと説明《せつめい》するの？

混乱《こんらん》した気持ちに整理がつかないまま、成《な》りゆきを見つめているしかないのでした。

兄はなんとか橋の中ほどでUターンをすると、細く錆《さ》びたワイヤーをつかみながら、揺《ゆ》れる吊《つ》り橋を戻《もど》ってきました。

「お兄ちゃん、自分が義足《ぎそく》だっていうことをわかっているの？」

真顔で兄に尋《たず》ねると、

「義足《ぎそく》だからやってみたかったんだよ。自分の足ならわざわざこんなことしないよ」

兄もまた真剣な表情《ひょうじょう》で、いつになくぶっきらぼうに答えるのでした。

〝わかっている〟から何にでもトライしようとする兄。〝わかっている〟けど、つい心配や不安《ふあん》が先に立つ私《わたし》。兄のリハビリの過程《かてい》は、そんな二人の勝ち負けのない綱引《つなひ》きのようでした。

足場の悪いところで歩行訓練《ほこうくんれん》をしたいと、志賀高原《しがこうげん》の地獄谷《じごくだに》を歩きまわる兄。フィールドアスレチック場の網目状《あみめじょう》のロープに義足《ぎそく》をからめ取られ、クモの巣《す》にかかった虫のようにもがく兄――

他人には危険《きけん》だったり、愚《おろ》かに映《うつ》る行動も、兄には社会復帰後《しゃかいふっきご》の、そしてマラソンを走るときの自分のために、すべてが必要《ひつよう》な過程《かてい》だったのでしょう。

第二章　私《わたし》はあきらめない

すべては〝歩く〟ために……………勉《つとむ》

春、四月に事故《じこ》に遭《あ》ってから、季節《きせつ》はめぐり冬が訪《おとず》れようとしていた。その間、妹夫婦《いもうとふうふ》は本当に献身的《けんしんてき》に私《わたし》に尽《つ》くしてくれたと思う。

転院先が四季《しき》の変化《へんか》の美しい長野《ながの》だったこともあり、妹夫婦《いもうとふうふ》は私《わたし》をよく風景《ふうけい》の美しいところにつれていってくれた。予期せぬ事故《じこ》と、それにつづく長期の入院生活で、あるいは私《わたし》の心がささくれだっているのではと、配慮《はいりょ》をしてくれてのことだと思う。だけど、正直いって私《わたし》は、雄大《ゆうだい》な山々や清《きよ》らかな川の流れ、美しい花々などにはまったく興味《きょうみ》がなかった。ただひたすら、病院内では体験《たいけん》できない環境《かんきょう》を義足《ぎそく》で歩くことしか頭の中になかった。

湿気《しっけ》で滑《すべ》りやすくなった木道を歩いた。八方尾根《はっぽうおね》の登山道を上り下りした。志賀高原《しがこうげん》では地獄谷《じごくだに》のガレ場を経験《けいけん》した——こうした際《さい》に生じた義足《ぎそく》の不都合《ふつごう》は、病院に帰ってからすべて義肢科《ぎしか》に報告《ほうこく》した。義肢科《ぎしか》では、その報告《ほうこく》をよく聞いてくれた。そして少しずつ義《ぎ》足《そく》に改良《かいりょう》を加《くわ》えてもらった。

そして、冬。

沖縄《おきなわ》に生まれ育った私《わたし》は、雪のある冬を長期にわたって体験《たいけん》するのは初《はじ》めてのことだった。

病院でちらりと、「義足《ぎそく》は雪の上が大変《たいへん》なんだ」という言葉を耳にした。大変《たいへん》？　それならばぜひ雪の上を歩いてみなきゃ。私《わたし》はさっそく妹に頼《たの》み込《こ》み、志賀高原《しがこうげん》のスキー場につれていってもらった。

まずは普通《ふつう》に踏《ふ》み固《かた》められた雪道に立ってみる。足を出す。一歩、二歩、そして三歩——歩けるじゃないか。ふつうの雪道は歩ける。

それでは斜面《しゃめん》。ゆるやかな傾斜《しゃめん》なら、なんとか歩ける。ならばアイスバーン状《じょう》の斜面《しゃめん》は。と、これはいけなかった。自分の足ならば、「あっ、滑《すべ》りそう」と思った瞬間《しゅんかん》に、足指、足首、膝《ひざ》というように制御《せいぎょ》の機能《きのう》がはたらくのだが、感覚《かんかく》ゼロの義足《ぎそく》では、いきなり滑《すべ》り出して、あっという間に転倒《てんとう》するしかないのだった。

同じことは柔《やわ》らかな雪上にもいえた。義足《ぎそく》では雪の柔《やわ》らかさを感じないのだ。これまたいきなりズボッと雪の中に埋《う》まってしまう。スッポリと深い雪に埋《う》まると、そこから抜《ぬ》け出すのはなかなか困難《こんなん》なのだ。それでも「雪道は歩けない」という説《せつ》は、半分当たりで半分間違《まちが》いとわかり、とりあえず私《わたし》は満足《まんぞく》だった。

病院の窓《まど》から見える山々がすっかり雪化粧《ゆきげしょう》を終えたそのころ、以前《いぜん》にパラリンピックの写真をくれた稲葉《いなば》さんが、見舞《みま》いにきてくれた。障害者《しょうがいしゃ》のスポーツに理解《りかい》のある稲葉《いなば》さんだからということも手伝《てつだ》って、私《わたし》は、

「スキーをやりたい」

と声をかけた。稲葉《いなば》さんはなんら条件《じょうけん》をつけることもなく、「いいよ」といってスキー場に同行してくれた。

ここでまた私《わたし》は珍事《ちんじ》をやらかしてしまった。義足《ぎそく》にスキーを装着《そうちゃく》しリフトに乗ったのはよかったのだが、なんとリフトの途中《とちゅう》でスキー板を義足《ぎそく》ごとスポーンと落としてしまったのだ。スキー板の重みに義足《ぎそく》の装着部《そうちゃくぶ》が耐《た》えられなかったのだ。スキー板を落っことすのは、ままあるケースだが、足ごと落としたのは私《わたし》ぐらいのものだろう。リフトは、膝《ひざ》から上だけになった私《わたし》を乗せたまま、何事もなかったかのように高度を上げていくのだった。

同じころ、パラリンピックのスキー種目《しゅもく》にもなっているチェアスキーにもトライした。病院に隣接《りんせつ》した長野県障害者福祉《ながのけんしょうがいしゃふくし》センターがスノーシーズンに八回開催《かいさい》するというスポーツ教室に参加《さんか》したのだ。

チェアスキーなんて、もちろん最初《さいしょ》は滑《すべ》ることができなかった。すぐにバランスを崩《くず》して転んでしまう。あんまり景気《けいき》よく転ぶものだから、経験者《けいけんしゃ》がバイクのプロテクターなどいろいろな装具《そうぐ》を貸《か》してくれるようになった。そうなると意地でも滑《すべ》れるようにならなきゃ気がおさまらない。練習を重ねるうちに少しずつ滑《すべ》れるようになり、徐々《じょじょ》に滑降距離《かっこうきょり》も延《の》びていった。

コース終了まであと一回となった教室の日、ある程度《ていど》まで上達《じょうたつ》したという手応《てごた》えもあって、いつもより高い場所から滑降《かっこう》を始めた。高度を上げた分、当然《とうぜん》、斜度《しゃど》もきつくなっていた。直滑降《ちょっかっこう》でスキーを走らせていると、斜面《しゃめん》のでこぼこが目に入った。目は複視《ふくし》のままだ。ギャップをよける間もなく転倒《てんとう》し、私《わたし》は斜面《しゃめん》をゴロゴロと転っていた。胸《むね》の上部に痛《いた》みが走った――。

笑《わら》っても、咳《せき》をしても痛《いた》い。痛《いた》みはがまんするしかなかった。「痛《いた》い」というとスキー教室の最終回《さいしゅうかい》に参加《さんか》ができなくなる。日曜ごとの教室なので、私《わたし》は一週間、「痛《いた》い」という言葉を吐《は》かないと決めた。が、あと三日のがまんという木曜日。病室で看護師《かんごし》さんと雑談《ざつだん》している最中《さいちゅう》につい大声で笑《わら》ってしまい、同時に「痛《いた》い！」と発してしまった。レントゲン室に直行。結果《けっか》、鎖骨骨折《さこつこっせつ》。しこたま叱《しか》られたうえ、教室の最終日《さいしゅうび》もパーになってしまった。

この冬にはうれしいことがひとつあった。

二〇〇二年一月。私《わたし》は両足義足《りょうあしぎそく》で、事故以来《じこいらい》、初《はじ》めて〝走る〟ことができたのだ。

もちろん、長い距離《きょり》ではない。しかし、両足を浮《う》かせた状態《じょうたい》で前進できるようになったのだ。

なあんだ、と思われるかもしれない。が、それまでの私《わたし》の義足《ぎそく》による歩行では、常《つね》に片《かた》足《あし》を地面に着いていなければならなかった。しかし、トレーニングを繰《く》り返した結果《けっか》、わずかな間だが、両足が宙《ちゅう》に浮《う》くようになった。その日、私《わたし》は確《たし》かに、少しだけだが、〝走った〟と実感できたのだった。

またマラソンに一歩近づいた。

そして三月。長野《ながの》の病院で転院の話が出た。すでに私《わたし》に対する加療《かりょう》は十分に行われてきたが、これ以上《いじょう》、できることはないというのだった。義肢科《ぎしか》でも、可能《かのう》な限《かぎ》りの改良《かいりょう》を重ねてきたが、足の痛《いた》みをこれ以上軽減《いじょうけいげん》することができないという。そして埼玉《さいたま》県所沢《ところざわ》市にある国立身体障害者《こくりつしんたいしょうがいしゃ》リハビリテーションセンター病院での受診《じゅしん》をすすめられた。

同リハビリテーションセンター病院の診断《しんだん》の結果《けっか》、私《わたし》の痛《いた》みはまず、骨《ほね》の角《かど》が残《のこ》ってい

病院の隣《となり》の障害者福祉《しょうがいしゃふくし》センターのトラックで義足《ぎそく》をつけて初《はじ》めて走る

るために治《おさ》まらないというものだった。さらに、事故直後《じこちょくご》、応急手術《おうきゅうしゅじゅつ》で足を切断《せつだん》したため、骨《ほね》を筋肉《きんにく》で巻《ま》くという処置《しょち》を行っていなかったともいう。義足《ぎそく》の装着《そうちゃく》を前提《ぜんてい》とした手術《しゅじゅつ》ならば、切断部《せつだんぶ》からさらに短く骨《ほね》を切って、筋肉《きんにく》を内側《うちがわ》に巻《ま》き込《こ》んで骨《ほね》をくるむようにするということだった。私《わたし》の足に痛《いた》みがいつまでも残《のこ》っているのは、応急手術《おうきゅうしゅじゅつ》が義足《ぎそく》仕様《しよう》になっていないため、との説明《せつめい》だった。

この診断《しんだん》を受けて私《わたし》は、長野《ながの》から所沢《ところざわ》に転院し、骨《ほね》を削《けず》って筋肉《きんにく》を巻《ま》く再手術《さいしゅじゅつ》をすることになった。また痛《いた》みの根本的《こんぽんてき》な原因《げんいん》となっている、切断部周辺《せつだんぶしゅうへん》に残《のこ》っている神経腫《しんけいしゅ》を取り除《のぞ》く手術《しゅじゅつ》も合わせて行うことになった。

長野《ながの》のリハビリテーションセンターの治療《ちりょう》

方針《ほうしん》とリハビリ法が不適切《ふてきせつ》だったわけではない。痛《いた》みを訴《うった》えながらも、私《わたし》が通常《つうじょう》の患者《かんじゃ》より活発に動いていたため、痛《いた》みの原因《げんいん》を傷《きず》や義足《ぎそく》に求《もと》め、対症的《たいしょうてき》な療法《りょうほう》を行って痛《いた》みが緩和《かんわ》するのを期待していたのだった。

二〇〇二年四月一五日。私《わたし》は事故以来《じこいらい》、三つめの病院である所沢《ところざわ》の国立身体障害者《こくりつしんたいしょうがいしゃ》リハビリテーションセンター病院に転院した。

転院して二日目。私《わたし》は主治医《しゅじい》に「大腿部《だいたいぶ》から切断《せつだん》したほうがいいんじゃないですか」といわれた。それも、両足の大腿部《だいたいぶ》を。

ショックだった。

私《わたし》の両足は事故《じこ》で切断《せつだん》された。が、かろうじて両足ともに、膝下《ひざした》一〇センチぐらいまでは残《のこ》っていた。膝《ひざ》は健在《けんざい》で、それゆえに膝立《ひざだ》ちの歩行訓練《ほこうくんれん》も行い、膝歩《ひざある》きである程度《ていど》のことを行えるまで上達《じょうたつ》した。また長野《ながの》では残《のこ》された足に義足《ぎそく》を履《は》くことで、歩行から多少の運動が可能《かのう》なまでのリハビリを行ってきた。せっかく筋力《きんりょく》トレーニングをつづけ、太腿《ふともも》に筋力《きんりょく》がついてきたというのに。そして、いつかマラソンを走ろうという夢《ゆめ》さえも抱《いだ》いてきたのに。所沢《ところざわ》への転院の第一の理由は、痛《いた》みをなくすことのはずだった。それなのに、両足大腿切断《りょうあしだいたいせつだん》とはどういうことなのか。納得《なっとく》がいかなかった。

「なぜなのか」

と聞くと、

「無難《ぶなん》だからです」

あっけないほどに簡単《かんたん》な言葉が返ってきた。

「無難《ぶなん》」の一言で人の足を切ってしまうのか。頭部を金属《きんぞく》バットで殴《なぐ》られたようなショックだった。主治医《しゅじい》はつづけていった。

「膝《ひざ》の上から切ると、ちょっと動きは不自由《ふじゆう》かもしれないけど、痛《いた》みは出なくなります」

膝下《ひざした》を残《のこ》すと、どうしても痛《いた》みが残《のこ》るというのだった。私《わたし》は即答《そくとう》できなかった。

しばらく考えたうえで私《わたし》が出した結論《けつろん》は、いま痛《いた》みの原因《げんいん》となっている骨《ほね》の角《かど》を取り除《のぞ》き、筋肉《きんにく》で巻《ま》くという手術《しゅじゅつ》にとどめておこうというものだった。そのうえで義足《ぎそく》による歩行の訓練《くんれん》をし、それでもひどい痛《いた》みを発するようだったら膝上《ひざうえ》の切断《せつだん》を考える。切るのはいつでもできるじゃないか。とにかく今回は最小限《さいしょうげん》しか切りたくない――。そんな決意でもって自分が出した結論《けつろん》を医師《いし》に告《つ》げると、

「あ、そうですか」

これまた拍子《ひょうし》ぬけするほどにあっけらかんとしたリアクションなのだった。

確《たし》かに転院した最大《さいだい》の目的《もくてき》は痛《いた》みの除去《じょきょ》にあった。が、かろうじて残《のこ》された膝下《ひざした》の部分と、健全《けんぜん》に機能《きのう》している膝《ひざ》をも切断《せつだん》されるのには同意できなかった。大腿部《だいたいぶ》まで切断《せつだん》すると、長時間の義足《ぎそく》の装着《そうちゃく》が可能《かのう》になるのはわかった。しかし、悪くもない部分まで、義足《ぎそく》の装着《そうちゃく》のため切断《せつだん》するなんて、私《わたし》には納得《なっとく》できなかった。医師《いし》の口からは〝無難《ぶなん》〟以上《いじょう》のメリットは語られなかった。

ともあれ、再手術《さいしゅじゅつ》は終った。すると今度は手術部位《しゅじゅつぶい》の痛《いた》みとの戦《たたか》いが始まった。当日も痛《いた》い。翌日《よくじつ》はさらに痛《いた》い。三日目ははるかに痛《いた》い。焼《や》けるような痛《いた》みで過呼吸《かこきゅう》の症状《しょうじょう》が出る。麻酔《ますい》の量《りょう》を増《ふ》やされると、幻覚《げんかく》が見える。目の前が極彩色《ごくさいしき》に彩《いろど》られ気持ちが良《よ》くなる。麻酔《ますい》が切れてくると、術後《じゅつご》にはめられたギプスの中の左足が焼《や》けるように痛《いた》む。結《けっ》局《きょく》、ギプスをはずすと中が化膿《かのう》していて、再々手術《さいさいしゅじゅつ》をするハメになった。

再々手術《さいさいしゅじゅつ》のあと、痛《いた》みの最中《さなか》に起きた過呼吸《かこきゅう》や幻覚症状《げんかくしょうじょう》が通常《つうじょう》のケースとは異《こと》なるということで、「精神科《せいしんか》で診《み》てもらおう」といわれた。私《わたし》は腹立《はらだ》たしかった。あんなに耐《た》えがたい痛《いた》みを与《あた》えたうえ再々手術《さいさいしゅじゅつ》までして、なおかつ私《わたし》の頭がおかしいというのか、と。

しかし、医師《いし》のこの判断《はんだん》には感謝《かんしゃ》しなければならない。精神科医《せいしんかい》の診断《しんだん》によって、事故《じこ》直後《ちょくご》からつづいていた私《わたし》の記憶障害《きおくしょうがい》と自律神経《じりつしんけい》の異状《いじょう》は、高次脳機能障害《こうじのうきのうしょうがい》によるものと明らかになったのだ。

高次脳機能《こうじのうきのう》というのは、平たくいうと大脳《だいのう》に蓄積《ちくせき》された知識《ちしき》によって、ものごとを判断《はんだん》する働《はたら》きのことらしい。その働《はたら》きが交通事故《こうつうじこ》の脳外傷《のうがいしょう》や低酸素性脳症《ていさんそせいのうしょう》などによって損《そこ》なわれ、記憶《きおく》や注意、知能《ちのう》、言語の障害《しょうがい》が発生することを高次脳機能障害《こうじのうきのうしょうがい》というらしいのだ。

ともあれ、これまたショックな診断名《しんだんめい》だった。私《わたし》の場合は、記銘力《きめいりょく》――つまりものごとを覚《おぼ》えたり記憶《きおく》したりする能力《のうりょく》が低下《ていか》しているという。なんとかして治《なお》さなくては、義足《ぎそく》で歩けるようになっても、まともな社会生活が営《いとな》めない。まして経営者《けいえいしゃ》として、社員の生活を預《あず》かることができなくなってしまう。

「これ、治《なお》すにはどうしたらいいんですか？」

「治《なお》す方法《ほうほう》はありません。対症療法《たいしょうりょうほう》しかないんです」

ショックの二乗。

その対症療法《たいしょうりょうほう》とは、自分に起きたできごとを、ひたすらノートに書きつけるというものだった。

朝起きて、まず行ったこと。会った人。どんな会話をしたか。何を食べたのか。すべて書く——小学生の日記じゃあるまいし、ショック三乗だ。しかし療法《りょうほう》がこれしかないといわれれば、やるしかないのだった。看護師《かんごし》さんからさらにショックの追い討《う》ちがかかった。「ノートのページはいつもちゃんと開いておくのよ。閉《と》じちゃうと、どうしてここにノートがあるのかわからなくなっちゃいますからね」と——。

再手術《さいしゅじゅつ》、再々手術《さいさいしゅじゅつ》の経緯《けいい》は決して愉快《ゆかい》なものじゃなかったが、リハビリに関《かん》してはこの国立身体障害者《こくりつしんたいしょうがいしゃ》リハビリテーションセンター病院はすばらしかった。とりわけ私《わたし》を指導《しどう》してくれた女性《じょせい》の先生は、きびしさの中にも明らかな愛情《あいじょう》が感じられ、そのうえひとつの言葉に説得力《せっとくりょく》のある方だった。先生の夫《おっと》という方も障害者《しょうがいしゃ》で、結婚前《けっこんまえ》から車椅子《くるまいす》生活《せいかつ》をしていると聞き、私《わたし》はいっそうこの先生の発する言葉に注意深く耳を傾《かたむ》けるようになった。

その先生はリハビリの最初《さいしょ》に、片方《かたほう》八キロの鉄アレイを私《わたし》に持たせた。そして、

「重かったら軽いのに代えていいのよ。無理《むり》はしなくてもいいの」

といった。私《わたし》は八キロの鉄アレイを持ったが、これがなんとも重くて、先生の言葉どおりに六キロに持ち替《か》えた。すると、後ろから、

「軟弱者《なんじゃくもの》！」

容赦《ようしゃ》のない先生の声が飛《と》んできた。これはグサッときた。私《わたし》は病院にいる人は健康《けんこう》な人より軽いものを持つのが普通《ふつう》だと思い込《こ》んでいた。そして健常者《けんじょうしゃ》と同等のものを持てたら十分に優秀《ゆうしゅう》なんだとも思っていた。先生は私《わたし》のそんな考え方を見すかしていたのだろう。

「足がない人はね、手で体を支《ささ》えられなきゃどうするの」「手の力をきたえないと何もできないよ」「日常生活《にちじょうせいかつ》はすべて手でやるんだよ」――私《わたし》は長野《ながの》での入院生活中、他の人よりきびしいリハビリを自分で選択《せんたく》していたつもりだった。しかしこの先生に会って、それは普通《ふつう》の健康《けんこう》な人のレベルに達《たっ》することができるという程度《ていど》のものだったことを思い知らされた。錯覚《さっかく》していたのだ。そんな程度《ていど》では社会復帰《しゃかいふっき》してから困《こま》る。健常者《けんじょうしゃ》をはるかにしのぐ上体と持久力《じきゅうりょく》がなければ、両足義足《りょうあしぎそく》のハンデは克服《こくふく》できないのだ。その日から私《わたし》のリハビリへの取り組み方が変《か》わった。

私《わたし》はまた、自分から希望《きぼう》してスポーツリハビリテーションという訓練《くんれん》も取り入れてもらった。その第一ステップは歩行。私《わたし》が歩き始めると、先生は、

「カッコ悪い」

という。格好《かっこう》なんてどうでもいいじゃないか、歩けさえすれば。しかし先生は「とんで

もない」ときっぱりといい切った。そして私《わたし》に一本のビデオを見せてくれた。アメリカの両足義足《りょうあしぎそく》のファッションモデルのビデオだった。テレビ画面には両足義足《りょうあしぎそく》でさっそうと歩く女性《じょせい》の姿《すがた》が映《うつ》った。

「ごらんなさい。アメリカでは義足《ぎそく》の女性《じょせい》の最終訓練《さいしゅうくんれん》は、ハイヒールを履《は》いて歩くことなのよ」

先生は私《わたし》にまでハイヒールを履《は》かせかねないいきおいで、「カッコ良《よ》く歩きなさい！」というのだった。その後、私《わたし》はガラスのあるところではガラスに姿《すがた》を映《うつ》しながら歩くようになった。

次のステップは速歩、速く歩くことだった。姿勢《しせい》よく、かつ速く。先生はタイムを計りながら私《わたし》の上達《じょうたつ》を見守ってくれた。

私《わたし》がきらいな訓練《くんれん》のひとつにバドミントンがあった。複視《ふくし》のため、シャトルをすべて空《から》振《ぶ》りしてしまうのだ。シャトルをラケットで打てるのはせいぜい一〇回に一回。

「ラケットのどちら側《がわ》に、あたったの？」

「右はし」

「それならば見えたところより右を打てばいいのよ」

私《わたし》の複視《ふくし》は常《つね》に同じ方向にズレるのではなく、右方向と左方向ではズレる場所が異《こと》なるのだった。が、そのズレ方は検眼表《けんがんひょう》のようなもので確認《かくにん》していたため、どこにどれだけズレるのかは、だいたいわかっていた。私《わたし》の目に映《うつ》るシャトルは、実際《じっさい》の位置《いち》より左にズレていたのだ。それなのに私《わたし》は、シャトルが飛《と》んでくると、見えたところにラケットを出していたのだった。先生の指摘《してき》で、私《わたし》はそのことに気づかされた。瞬時《しゅんじ》にズレを頭の中で修《しゅう》正《せい》できるようになってからはシャトルを打ち返す確率《かくりつ》がかなり高まった。

スポーツリハビリテーションで驚《おど》ろかされたのは、

「サッカーをしましょう」

という一言だった。良質《りょうしつ》な冗談《じょうだん》とはいえまい。足のない人間に向かってサッカーをやれだなんて。案《あん》の定《じょう》、ひどいものだった。ボールを止めようとすると転んでしまう。蹴《け》り返すと切断部《せつだんぶ》に響《ひび》いて痛《いた》い。それでもボールは遠慮《えんりょ》なく転がってくる。転ぶ。痛《いた》む。転ぶ。痛《いた》む——義足《ぎそく》そのものには感覚《かんかく》がないので、ボールを受け止めたり蹴《け》ったりする際《さい》の力の加減《かげん》がわからないのだ。そういうと、

「それを知るための訓練《くんれん》だよ」

あっさりといい返された。当然《とうぜん》だ。いまさらベッカムやジダンになるための訓練《くんれん》をする

わけがないのだから……。

私《わたし》はこの先生ならば、何か名案《めいあん》を考え出してくれそうな気がして、

「私《わたし》は走りたいんです。マラソンがしたい」

といってみた。しかし、これだけは「時間がかかるから、ちょっと待って」と、取り合ってもらえなかった。


もうひとつ、この病院でよかったのは、非常《ひじょう》に重度な患者《かんじゃ》さんが多かったことだ。両足《りょうあし》切断《せつだん》と頭に障害《しょうがい》がある私《わたし》でさえ、放っておいても危《あぶ》なくないという理由で軽症扱《けいしょうあつか》いなのだ。このころまで私《わたし》は痛《いた》みがひどく、痛《いた》みさえなければもっと楽になれるのにと思っていた。患者《かんじゃ》さんたちの中には、脊髄《せきずい》や頸椎《けいつい》を損傷《そんしょう》している方がいて、寝《ね》たきりで動けずとこずれになったりしていた。痛《いた》みが感じられないため、とこずれになっても気づかないのだった。私《わたし》はその様子を見て、痛《いた》みがあることにさえ感謝《かんしゃ》できるようになった。

重度の患者《かんじゃ》さんの中に、六〇代の頸椎損傷《けいついそんしょう》の人がいた。その人は首から下がまったく動かないのだった。それが毎朝のように看護師《かんごし》さんに電動車椅子《でんどうくるまいす》に乗せてもらっている。両手は車椅子《くるまいす》に固定《こてい》。手が滑《すべ》り落ちると、もう自分では元に戻《もど》せないからだ。体も胸《むね》のとこ

ろで車椅子《くるまいす》に固定《こてい》。前に倒《たお》れると、やはり自分では体を元どおりにできないのだ。後ろを振《ふ》り向くこともできない。だから車椅子《くるまいす》の左右にはバックミラーがつけてあった。その人は電動車椅子《でんどうくるまいす》を、ジョイスティックを使って顎《あご》で操作《そうさ》するのだった。

すっかり準備《じゅんび》が整うと、一人でエレベーターに乗り下の階に降《お》りていく。その方の表情《ひょうじょう》がいつも明るいので、いったいどこに行くのかとあとを追いかけてみると、その人はリハビリ室でパソコンを操作《そうさ》していた。口に棒《ぼう》をくわえて、それでパソコンのキーボードを打っているのだった。

私《わたし》はその姿《すがた》を見て、とても感動した。頭部を除《のぞ》いてほぼ全身がマヒしている六〇過《す》ぎの人が、口ひとつでパソコンを操《あやつ》る姿《すがた》は、私《わたし》には気高くさえ映《うつ》った。そして実際《じっさい》に、その表《ひょう》情《じょう》は明るく輝《かがや》いているのだった。

その現場《げんば》をのぞいてから、私《わたし》は周囲《しゅうい》の人たちの表情《ひょうじょう》が気になり始めた。暗い顔をしている人が多いのは重度の患者《かんじゃ》の多い病院のことで、しようがなかった。が、中には飛《と》びぬけて明るい顔をして、楽しそうに話をする人もいるのだった。

同じような病状《びょうじょう》でありながら、どうしてそんなに違《ちが》いが生じるのか、私《わたし》は注意して話に耳をそばだてた。すると暗い顔をした人たちは、自分の障害《しょうがい》がいかに大変《たいへん》か、一生仕事に復帰《ふっき》できないのではないか、日常生活《にちじょうせいかつ》ができないんじゃないかと、しきりに不安《ふあん》なことばかりを語っているのだ。一方、明るい表情《ひょうじょう》の人たちは、自分が回復《かいふく》したあとのこと、将来《しょうらい》にやりたいこと、何かできるようになったときのことを話しているのだった。人間の顔や表情《ひょうじょう》の明暗は、障害《しょうがい》の程度《ていど》と関係《かんけい》ないのだ。明暗を分けるのは〝考え方〟なのだ。私《わたし》は入院生活でまたひとつ大切なことを学べたような気がした。

長野《ながの》にいるとき、私《わたし》は自分が極度《きょくど》にひどい状態《じょうたい》だとは思わなかったが、障害《しょうがい》が軽いという気分ではなかった。が、八カ月の入院となった所沢《ところざわ》で、私《わたし》は自分がいかに恵《めぐ》まれているかを感じ取ることができた。所沢《ところざわ》の病院は私《わたし》にとって、障害《しょうがい》を持って生きていくための考え方を大きく変《か》えられたという意味で、とても良《よ》い場だったといっていい。

自動車の運転に挑戦《ちょうせん》した兄……………智美《さとみ》

兄の高次脳機能障害《こうじのうきのうしょうがい》を知らされたときは、私《わたし》も驚《おどろ》きました。とくに「治《なお》らない」といわれたときには、これからいったいどうしたらいいのかと、かなり考え込《こ》みました。

同室者の中にやはり交通事故《こうつうじこ》で障害《しょうがい》を発症《はっしょう》した方がいました。この人はノートにメモを書きつけるようにいわれても書かないのです。書いていると、否応《いやおう》なしに自分が記憶障害《きおくしょうがい》になっている現実《げんじつ》を思い知らされてしまうというのです。たまに書いていると看護師《かんごし》さんから、その内容について聞かれます。その人は答えられません。その答えられないという現実《げんじつ》を認《みと》めたくなくて、しだいに看護師《かんごし》さんが煙《けむ》たい存在《そんざい》になっていくというのでした。

兄はといえば、看護師《かんごし》さんから「あら、こんなことがあったのね？」なんて聞かれると、「えー、本当?」

なんて、ノーテンキな声をあげている。指摘《してき》を受けてノートを読み返すと、たしかに看護師《かんごし》さんの言葉どおりのことが書いてある。でも自分では覚えていないのです。それでも兄は、そのことを「こりゃ大変《たいへん》だ」というように受け止めて、さらにノートをメモで埋《う》めていきました。

ノートのページを閉《と》じない。ノートを見る習慣《しゅうかん》をつける——そのことが退院後《たいいんご》の日常生活《にちじょうせいかつ》をスムーズに送れるただひとつの方法《ほうほう》だといわれ、兄は「これしかない」との思いで、書きつぶすノートの数を増《ふ》やしていきました。そしてこのことだけはいつも、看護師《かんごし》さんにほめられていました。

所沢《ところざわ》の国立身体障害者《こくりつしんたいしょうがいしゃ》リハビリテーションセンター病院は敷地《しきち》がとても広くて、その中に職業訓練《しょくぎょうくんれん》を行う国立職業《こくりつしょくぎょう》リハビリテーションセンターや自動車運転の課程《かてい》もある更生訓練所《こうせいくんれんじょ》がありました。リハビリ室も朝の六時から自由に使ってよく、日曜・祝祭日《しゅくさいじつ》も開放されていました。〝訓練好《くんれんず》き〟の兄には、とてもぴったりの環境《かんきょう》でした。

もともと仕事でも旅行先でも移動《いどう》は車か徒歩《とほ》と決めている兄は、自動車の運転訓練《うんてんくんれん》を受けたいといい出しました。病院側《びょういんがわ》は障害者用《しょうがいしゃよう》の手動式自動車の運転を習いたいのだと思ったようです。しかし兄が訓練《くんれん》したかったのは普通《ふつう》の自動車の運転でした。

兄の主張《しゅちょう》はこうでした。自分は自動車に関連《かんれん》した仕事をしているので、特定《とくてい》の車だけではなくどんな車にでも乗れる状態《じょうたい》でいたい。旅行が好《す》きでいろいろな場所に行くが、手動のレンタカーなんてどこにあるのか。沖縄《おきなわ》にはそもそも電車がなく、移動手段《いどうしゅだん》に車は不可欠《ふかけつ》だ——と。

片足《かたあし》だけの切断《せつだん》ならば一方の足でオートマチック車を運転すればいいのでしょうが、兄の場合は両足がなく、病院側《びょういんがわ》としては、それでは無理《むり》だというのでした。私《わたし》は両者の言い分を聞いていて、不慣《ふな》れな手動よりも長く慣《な》れ親しんできた足での運転のほうがいいのだろうなと思っていました。その足がないのにもかかわらず……。結局《けっきょく》、医師《いし》は手動でなければ許可《きょか》を出せないといい、兄はまず手動式の運転練習を始めました。

兄は病院敷地内《しきちない》にある自動車練習場と同じようなコースで運転を始め、やがて路上に出て——運転免許《うんてんめんきょ》は持っているので——縦列駐車《じゅうれつちゅうしゃ》や車庫入れもこなし、最後《さいご》は高速道路も走りました。これにかかった時間は二、三週間でした。

会社の窮状《きゅうじょう》に立ち向かう…………勉《つとむ》

自動車の運転練習を始めたのは所沢《ところざわ》に転院して半年ほどたった二〇〇二年一〇月のころだった。

私《わたし》は手動式の車の運転にはまったく興味《きょうみ》がなかった。ただ手動式しか許可《きょか》が出なかったから練習をしただけだった。

手動式をクリアしてすぐ、私《わたし》は看護師《かんごし》さんを通して普通《ふつう》の車の運転許可《うんてんきょか》を願《ねが》い出た。すると、まず検査《けんさ》を受けるようにいわれた。足を踏《ふ》み込《こ》む力は大丈夫《だいじょうぶ》か。ブレーキ、アクセルを踏《ふ》み間違《まちが》える率《りつ》は何パーセントか。そんなデータを取るのが検査《けんさ》だった。結局《けっきょく》、最初は一〇回に一回、踏《ふ》み間違《まちが》えた。たった一回の踏《ふ》み間違《まちが》えに、

「アクセルとブレーキを踏《ふ》み間違《まちが》えるのは大変《たいへん》なことなんですよ」

といわれてしまった。

けれども私《わたし》は、感覚《かんかく》というものがまったくゼロの義足《ぎそく》で初《はじ》めて検査《けんさ》を受けてこれならば、

練習さえすれば完璧《かんぺき》になると思っていた。いままで触《ふ》れたことのない手動式でさえ、練習でやれたのだから、義足《ぎそく》での操作《そうさ》だって練習さえ積《つ》めば可能《かのう》だと思ったのだ。

ただ、確《たし》かにブレーキを踏《ふ》む力には頼《たよ》りなさがあった。一生懸命《いっしょうけんめい》に押《お》し込《こ》んでいるつもりでも、思ったほどブレーキが効《き》かないのだった。義足《ぎそく》でブレーキを踏《ふ》むのには、足全体を宙《ちゅう》に浮《う》かした状態《じょうたい》からペダルを押《お》していかなければならなかった。健常者《けんじょうしゃ》の運転のようにかかとをついてしまうと、力いっぱい踏《ふ》み込《こ》んでもペダルに力は伝《つた》わらないのだった。義足《ぎそく》では、床《ゆか》を踏《ふ》んでいるのかペダルを踏《ふ》んでいるのか感知できないのだ。ただ上からかけている力を、接《せっ》した部分に伝《つた》えるだけなのだ。

義足《ぎそく》では、他人の足を踏《ふ》んでもわからない。普通《ふつう》の人ならば少しでも異物《いぶつ》に触《ふ》れると何かにあたっているとわかるのだが、義足《ぎそく》は完全《かんぜん》に踏《ふ》まないと、踏《ふ》んでいることさえわからない。踏《ふ》んでバランスが崩《くず》れて初《はじ》めて、人の足を踏《ふ》んだということに気づく。ブレーキを踏《ふ》んだのに減速《げんそく》しないときは、また正しく踏《ふ》み直さなければならないのだった。

病院側《びょういんがわ》の結論《けつろん》は、やはり普通車《ふつうしゃ》に乗るための証明書《しょうめいしょ》は出せない、というものだった。

私《わたし》は、それならばそれでいい。ただ構内《こうない》での練習だけはつづけさせてくれと頼《たの》んだ。危《き》険《けん》を理由に練習したくてもできないでいた周囲《しゅうい》の人たちに、ここで両足義足《りょうあしぎそく》で練習していたヤツがいたと、病院側《びょういんがわ》を説得《せっとく》する材料《ざいりょう》を提供《ていきょう》するために――。

これはのちの話になるのだが、退院時《たいいんじ》、病院側《びょういんがわ》は私《わたし》に手動式免許《しゅどうしきめんきょ》の申請《しんせい》を強くすすめた。が、私《わたし》はそれをしなかった。手動式の申請《しんせい》をしてしまうと、普通車《ふつうしゃ》に乗った場合に無免許《むめんきょ》運転《うんてん》の扱《あつか》いになってしまうからだ。つまりは免許更新《めんきょこうしん》さえできればいい。事実、私《わたし》は沖縄《おきなわ》に戻《もど》ってから免許《めんきょ》を更新《こうしん》し、二輪《にりん》も大型《おおがた》も両方ともそのまま持っている。

高次脳機能障害《こうじのうきのうしょうがい》のほうは、これといって良化《りょうか》しているという認識《にんしき》がなかった。たとえば週刊誌《しゅうかんし》が一冊《いっさつ》あるとする。一冊《いっさつ》あればそれを何回も読んでしまう。前に読んだような気はするのだが、読んだという認識《にんしき》はないのだった。また、文学作品などの朗読《ろうどく》が入ったCDもよく聞いた。これも毎日同じCDを耳にしているのに、毎回楽しく聞ける。安上がりといえば、そうともいえるのだが――。

それでも私《わたし》は、病院生活をなんとか楽しいものにしようと努力《どりょく》した。病院というのは、何もしようとしなければ、それでも過《す》ごせる場所なのだ。めんどうくさいと思ったら、本当に何もしなくても生きていける。だが私《わたし》は、なんでもめんどうくさがらないようにと自分に仕向けていた。

入院生活二〇カ月の中で、とくに私《わたし》が意識《いしき》したのは、自動販売機《じどうはんばいき》の飲み物は決して口にすまいということだった。大好きなコーヒーを飲みたいときには、もちろんコーヒーを楽しむ。しかしインスタントは使わない。レギュラーコーヒーを飲む。きちんとひかれた豆を用意し、ドリップで落として楽しむことにしていた。コーヒーカップも妹にいって、できるだけきれいなものを買ってきてもらった。コーヒー以外《いがい》の飲料《いんりょう》はすべて水にした。これもただの水道水は口にせず、必《かなら》ず浄水器《じょうすいき》を通したものを飲むことにしていた。少しでも体にいいと思われるものを体内に取り込《こ》みたかったのだ。

そうして病院暮《ぐ》らしをしているうちに二〇〇二年も年の瀬《せ》を迎《むか》えた。

一二月一〇日に沖縄《おきなわ》に電話をすると、会社では社員の給料《きゅうりょう》を支払《しはら》えない状態《じょうたい》にあると知らされた。私《わたし》は全身から血の気《け》が引いていくような失望感《しつぼうかん》を覚《おぼ》えた。事故《じこ》の前、会社は順調《じゅんちょう》に運営《うんえい》され、そこそこに利益《りえき》も上げていた。事故《じこ》後、しばらくは何度か電話があった。所沢《ところざわ》に転院してからの数カ月、連絡《れんらく》が途絶《とだ》えていたが、どうにかやっているものと思っていた。それが、わずか二〇カ月で〝倒産《とうさん》〟という言葉が出るまで経営《けいえい》が悪化してしまっていたのだ。

こうしちゃいられない。入院なんかしていられない。私《わたし》はすぐに病院側《びょういんがわ》と相談し、翌々《よくよく》日《じつ》の一二日には退院《たいいん》して沖縄《おきなわ》に戻《もど》った。そのときに病院側《びょういんがわ》からいわれたのは、「決して仕事の話は一人でしないでください。必《かなら》ずだれかをいっしょに立ち会わせてください。そうしないとトラブルが起きます」

というものだった。記銘力《きめいりょく》の障害《しょうがい》というのは、こうした場合にもっともやっかいな事《じ》態《たい》を引き起こすと忠告《ちゅうこく》された。相手に明らかに異常《いじょう》が伝《つた》わる脳障害《のうしょうがい》ではなく、一見、普《ふ》通《つう》に見えるだけに、トラブルが発生することが多いといわれた。病院側《びょういんがわ》とはずいぶんと意見を異《こと》にしてきたが、私《わたし》はこのときばかりは病院のアドバイスを尊《とうと》く思い、しっかりと胸《むね》に刻《きざ》み込《こ》んだ。

沖縄《おきなわ》に戻《もど》ってみると、会社の状態《じょうたい》は本当にせっぱつまったものだった。二つあった会社のひとつは営業《えいぎょう》がストップしていて、残《のこ》った会社が倒産《とうさん》したならば、私《わたし》は一生働《はたら》いても返せない額《がく》の負債《ふさい》を抱《かか》え込《こ》まねばならないという状態《じょうたい》だった。どうしてもすぐに立て直さなければ危険《きけん》なありさまだった。

入院した最初《さいしょ》のころ、私《わたし》が自分にいい聞かせたのは、悩《なや》んでもしょうがない、いま自分ができることをしようというものだった。周囲《しゅうい》が「そんなに無理《むり》をして」というほどにリハビリに励《はげ》み、変人扱《へんじんあつか》いされながらも義足《ぎそく》の研究に打ち込《こ》んだのは、それがまさに〝いまできること〟だったからだ。子どものころに母によくいわれた「いまできることを、考えてしなさい」という教えが、しっかりと身についていたのだ。そしてそのことは結果的《けっかてき》に私《わたし》にとって、ずいぶんと有効《ゆうこう》な精神安定剤《せいしんあんていざい》になってもいたのだった。

退院《たいいん》した私《わたし》に立ちはだかったのは、会社の窮状《きゅうじょう》という巨大《きょだい》な壁《かべ》だった。〝いまできること〟どころではない〝いまやらねばならないこと〟が山ほどに積《つ》み重なっているのだった。

そしてこれがまた結果的《けっかてき》に、私《わたし》の高次脳機能障害《こうじのうきのうしょうがい》の回復《かいふく》に大いに役立ったのだ。

退院時《たいいんじ》に病院側《びょういんがわ》と約束《やくそく》したとおり、私《わたし》は人と会うときは必《かなら》ずだれかを伴《ともな》った。ノートはいつも開いていた。メモはこまめに書きつけた。

半年後、われながら目覚《めざ》ましい回復《かいふく》ぶりだなという実感があった。社内の話し合いならば、他の人間を立ち会わせる必要《ひつよう》がなく、メモを取るだけで十分になった。

一年後、普通《ふつう》の人が私《わたし》を見ても、脳機能《のうきのう》に障害《しょうがい》があるとは思えないほどの状態《じょうたい》に戻《もど》っていた。

退院願《たいいんねが》い…………智美《さとみ》

私《わたし》たち家族にとって、それまで自分の足でどこにでも行って仕事をしてきた兄の両足がなくなったのは、本当にショックなことでした。が、それ以上《いじょう》に心配だったのは高次脳機能障害《こうじのうきのうしょうがい》でした。兄は発見したことや頭に浮《う》かんだアイディアをシステム化する、頭を使い考える仕事をしていたからです。「脳障害《のうしょうがい》」をかかえながら兄は、いったい経営者《けいえいしゃ》としての責任《せきにん》を果《は》たしていけるのかと、とても不安《ふあん》でした。

高次脳機能障害《こうじのうきのうしょうがい》にはいくつもの種類《しゅるい》があります。兄の場合、大脳《だいのう》に蓄積《ちくせき》された知識《ちしき》をもとに考えたり判断《はんだん》する働《はたら》きである記銘力《きめいりょく》が低下《ていか》していると説明《せつめい》を受けていました。普通《ふつう》の人ならば物忘《ものわす》れをしても、「あ、そういえば…」と思い出すことがあります。でも高次脳機能障害《こうじのうきのうしょうがい》の場合は、ある情報《じょうほう》がスッポリと抜《ぬ》けてしまうので、「あ、そういえば」と思い出すことができないのです。情《じょう》報《ほう》がすっかり抜《ぬ》けてなくなるので、仕事上ではトラブルの原因《げんいん》になりやすいと忠告《ちゅうこく》されました。本人自身、何が抜《ぬ》けているかわからないので、周囲《しゅうい》が注意してサポートするしかないと、説明《せつめい》を受けました。とくに仕事上の約束《やくそく》や話し合いには、必《かなら》ずサポートをつけるようにしないと、他人の目には明らかではない脳障害《のうしょうがい》ゆえに、大きな問題になる可能性《かのうせい》があると注意されました。

会社の状態《じょうたい》が悪化していたものの父は、兄が経営者《けいえいしゃ》としても個人《こじん》としてもきちんと保険《ほけん》に加入《かにゅう》していたので、どうにかなると考えていたようです。しかし高額保険《こうがくほけん》のため調査《ちょうさ》が必要《ひつよう》とのことで保険金《ほけんきん》は支払《しはら》われていなかったのです。会社の業績《ぎょうせき》が落ち込み負債《ふさい》は増え、各種《かくしゅ》の支払《しはら》いも遅《おく》れ、給料《きゅうりょう》まで支払《しはら》えない状態《じょうたい》になっていたのです。

そんな状態《じょうたい》で倒産《とうさん》に向かうと、これまで会社を支《ささ》えてきてくださった方や社員はどうなるのか……私《わたし》は兄に相談《そうだん》しました。すると兄は「やれるだけのことをしなくては」と看護師《かんごし》さんを通して医師《いし》に事情《じじょう》を説明《せつめい》し、退院願《たいいんねが》いを出したのでした。

事故《じこ》から二〇カ月の長期入院ののち、沖縄《おきなわ》に帰った翌日から、兄は会社へ行き経営分析《けいえいぶんせき》を始めました。会社は一階がフロントになっていて、二階にシステム管理《かんり》のコンピュータ室があります。足が痛《いた》くて義足《ぎそく》が履《は》けないときに、あの病院で考えついた大きな靴《くつ》を膝下《ひざした》に履《は》き、兄は階段《かいだん》を膝《ひざ》で上っていき、大きなノートにいま会社に起きているすべてを書き出していくのでした。

忘れても忘れても…………勉《つとむ》

会社を立て直さなければならなかった私《わたし》は、まず会社の現在《げんざい》の状況《じょうきょう》を徹底的《てっていてき》に調べた。そうすると、私《わたし》の感覚《かんかく》ならばとうていしてはいけないことを会社がやっているのだった。私《わたし》は会社の悪いところを探《さが》し出すとノートに書き記すことを始めた。

その結果《けっか》、信《しん》じられないことに改善《かいぜん》を要《よう》するリストがズラリと並《なら》んでしまった。こんなに悪いところだらけの会社は、もう救《すく》いようがないと思うほど多量《たりょう》のリストができあがってしまったのだ。

そのリストの中味を検討《けんとう》してみても、どうしたらいいのか頭がまわらない。そのときに思ったのは、

「ああ、寝《ね》ることだ。寝《ね》てから考えよう」

というものだった。入院時に身についた〝いまできることをしよう〟という考えに、まさに忠実《ちゅうじつ》にしたがったなら、その日は寝《ね》ることぐらいしかできることがなかったのだ。

そして翌日《よくじつ》、あらためてリストを眺《なが》めていると、

「ああ、良《よ》かった」

という思いがわいてきた。「会社にはこんなに悪いところがある。悪いところがあって良《よ》かった」と——。

もし、悪いところがないのに会社が傾《かたむ》いているのだったら救《すく》いようがない。または悪いところを見つけ出せなければどうしようもない。でも悪いところがあって傾《かたむ》いている——それならば悪いところさえ直せば会社は再建《さいけん》できると思ったのだ。

それからの私《わたし》は、悪いところ探《さが》しが楽しくてしょうがなくなった。ひとつ見つかると「ああ、良《よ》かった」。もうひとつ見つけると「良《よ》かった、良《よ》かった」と。もはや倒産《とうさん》なんて考えもしない。きっと会社は良《よ》くなるという気分。悪いところを書き出したリストが増《ふ》えるたび、私《わたし》はニタリとしていた。

書き出したリストを整理すると私《わたし》は、今度はそのリストに解決策《かいけつさく》を記入していくという作業を始めた。ひとつひとつ解決策《かいけつさく》を提案《ていあん》して父に見せて、「この部分を改善《かいぜん》すれば良《よ》くなる」「十分に会社は立ち直っていく」という話をした。すると父は、

「良《よ》くなるかどうかはわからない。でもみんなで力を合わせて一生懸命《いっしょうけんめい》にやるしかない」

と、暗い顔でいうのだった。

ショックだった。衝撃的《しょうげきてき》な言葉だった。「良《よ》くなるかどうかはわからない」という言葉がショックだった。会社のリーダーが〝わからない〟といってしまっては社員に不安《ふあん》を与《あた》えてしまう。もうひとつ「やるしかない」という一語も、私《わたし》には衝撃的《しょうげきてき》だった。私《わたし》は、

「どうしてそんなに消極的《しょうきょくてき》な言い方をするのか」

と、父に尋《たず》ねた。父は、

「いままで一生懸命《いっしょうけんめい》やってきたんだ。それでこの状況《じょうきょう》になってるんだ」

と答えるだけ。父は自信《じしん》を失《うしな》い、負債《ふさい》を増《ふ》やしてしまったという事実に圧倒《あっとう》されていた。

ちょうどそのころ、妹夫婦《いもうとふうふ》が母の病状《びょうじょう》を考え、長野《ながの》での生活を引き払《はら》って沖縄《おきなわ》に帰ってきた。妹は、父が会社から逃《に》げ出したいと考えているのなら、本当に会社が倒産《とうさん》してしまうという。逃《に》げ出したいと思っている人が代表者でいるならば、さらに問題が増《ふ》えていくともいう。

私《わたし》にはやはり不安《ふあん》があった。体が悪い。足がおかしい。記憶障害《きおくしょうがい》も残《のこ》っている。一人で判断《はんだん》することに以前《いぜん》のように自信《じしん》がない。果《は》たして私《わたし》に会社の社長が務《つと》まるのだろうか、と。しばらく考えているうちに、「五体満足《ごたいまんぞく》で〝できない〟と思っている人間より、体に障《しょう》

害《がい》があっても〝できる〟と思っている人間のほうがいいんじゃないか」という思いがわいてきた。ならば私《わたし》が社長に戻《もど》ろう。社長になって会社をきっちりと立て直そう——取締役《とりしまりやく》たちから異論《いろん》はなかった。

私《わたし》は会社の机《つくえ》のそばに九〇センチ×六〇センチほどのホワイトボードを設置《せっち》した。そして指示《しじ》すべきこと、受けた報告《ほうこく》などを逐一《ちくいち》、名刺大《めいしだい》のカードに書いてマグネットで貼《は》っていった。なにしろこれを書いておかないと、指示《しじ》しても「そんなこといった?」、報告《ほうこく》には「聞いてないよ」という反応《はんのう》が頻発《ひんぱつ》してしまうのだった。そして用事のすんだカードはメモ刺《さ》しに刺《さ》していった。ホワイトボードに残《のこ》しておくと見るたびに何度も指示《しじ》を出してしまうからだ。

そのようにして仕事をしていくと、徐々《じょじょ》に仕事が正確《せいかく》にできるようになっていった。カードの優先順《ゆうせんじゅん》に指示《しじ》を出し、必要《ひつよう》な時間に報告《ほうこく》を受けるという作業が加速度的《かそくどてき》に上達《じょうたつ》するのだった。「人間は何か障害《しょうがい》があるからできないのじゃない。補《おぎな》う方法《ほうほう》はいくらでもあるんだ」と、つくづく思い知らされた。

会社から帰宅《きたく》すると、私《わたし》は〝記憶《きおく》〟に関《かん》する本を読みあさった。脳障害《のうしょうがい》、記憶障害《きおくしょうがい》について書かれた本を並《なら》べ、記憶力《きおくりょく》を高めるためにはどうすればいいのか、一般《いっぱん》の人たちはどのような方法《ほうほう》をとっているのかを、かたっぱしから調べた。とはいうものの、読んだものの、内容《ないよう》を忘《わす》れてしまうのも〝かたっぱし〟からだった。一度読んでだめなら二度読めばいい。二度でだめなら三度にすればいい。それでダメなら一〇回読む。それでも忘《わす》れるなら一〇〇回読もう。忘《わす》れても忘《わす》れても、それでも私《わたし》は本を読みつづけた。

一方でテレビを見ることはやめた。テレビをみているとおもしろくてずっと見入ってしまうのだが、見ても忘《わす》れてしまう。忘《わす》れてしまうものを見つづけるのはムダというものだ。それで〝脳機能《のうきのう》〟などを扱《あつか》ったNHK特集《とくしゅう》など私《わたし》に必要《ひつよう》と思われる番組に限《かぎ》ってビデオに録《と》り、何度も繰《く》り返して見ることにした。

沖縄《おきなわ》に帰ってから一年間、私《わたし》は独《ひと》り暮《ぐ》らしをした。保険調査員《ほけんちょうさいん》の執拗《しつよう》な調査《ちょうさ》で妻《つま》の精神《せいしん》状態《じょうたい》が不安定《ふあんてい》になっていたことと、私自身《わたしじしん》がどうしても人に頼《たよ》りがちになることを禁《きん》じたかったからだ。

家での生活もまた、冷蔵庫《れいぞうこ》の扉《とびら》にマグネットでカードを貼《は》ることから始まった。「ゴミを出す」「洗濯《せんたく》をする」「風呂《ふろ》に入る」、すべて書いておかないと風呂《ふろ》に入ることさえ忘《わす》れてしまうからだ。カードに書いてあることをやり終えたらカードを移動《いどう》する。これを徹底的《てっていてき》に繰《く》り返すことで、せめて生活習慣《せいかつしゅうかん》ぐらいは〝忘《わす》れ〟と無縁《むえん》なものにしたかったのだ。

リハビリに最適《さいてき》なスポーツ……………智美《さとみ》

退院《たいいん》から一年ほどたった二〇〇四年一月ごろには会社の体質《たいしつ》も改善《かいぜん》され、なんとか倒産《とうさん》せずにすむほどまで盛《も》り返しました。倒産《とうさん》の危機《きき》から脱《だっ》し、少し気持ちに余裕《よゆう》の出てきた兄は、このころからリハビリの一環《いっかん》としていろいろなことに挑戦《ちょうせん》し始めました。

兄が読んでいた脳機能関連《のうきのうかんれん》の本の中に、非日常的《ひにちじょうてき》な体験《たいけん》が脳《のう》の活性化《かっせいか》に非常《ひじょう》に効果的《こうかてき》だという記述《きじゅつ》がありました。それと、自分が楽しいと思えることを行うのも、脳《のう》にとってとてもいいという指摘《してき》も発見しました。この二つの条件《じょうけん》を満《み》たし、なお兄の体力の回復《かいふく》にも役立つことといえば、スポーツが最適《さいてき》でした。

兄には事故以前《じこいぜん》に特別《とくべつ》なスポーツ歴《れき》はほとんどありませんでした。子どものころからジョギングをよくしていたことと、人並《ひとな》みはずれて歩くことが好《す》きなくらいでした。二十歳《はたち》前後は車とバイクが好《す》きで、マシンをチューンアップしてデータを採《と》ってタイムを縮《ちぢ》めるとか、勝負にかたよったモータースポーツではなく、むしろエンジニア的《てき》な立場からスピードを楽しんでいました。

ただ兄は長い距離《きょり》を歩きながら物事を考えるのが好《す》きでした。何事も自分の目で確認《かくにん》しなければ気がすまないという性格《せいかく》で、自分で行って自分で見たいという欲求《よっきゅう》を満足《まんぞく》させるには、〝足で歩く〟のがいちばんという考え方でした。そのことが、のちに「走る」という発想につながったのかもしれません。

休日になると、兄はとにかくいろいろなスポーツを手がけました。ダイビング、シーカヤック、パラグライダー、ヨット、さらにはウォールクライミングにも挑戦《ちょうせん》しました。

なかでもお気に入りだったのがダイビング。沖縄《おきなわ》に「美《ちゅ》ら海水族館《うみすいぞくかん》」という大きな水族館があります。ここは自然光《しぜんこう》が入るようになっていて、珊瑚礁《さんごしょう》の海を熱帯魚《ねったいぎょ》が泳いでいます。その美しさを見た兄は、水族館で見るのではなく、「海の中に入って体験《たいけん》したい」といい出しました。ただ、両足が義足《ぎそく》で海に入れるものかどうかわかりません。兄はインターネットで調べて、障害者向《しょうがいしゃむ》けのダイビング講習《こうしゅう》を行っている組織《そしき》があることを見つけました。

海で溺《おぼ》れるほとんどは、パニックが原因《げんいん》らしいのです。兄は基本的《きほんてき》に、危険《きけん》は避《さ》けるのではなく慣《な》れるべきだという考え方をする人ですから、まず浦添《うらぞえ》市運動公園内にある温水プールに行き、溺《おぼ》れる練習を始めました。水中で三回も四回も前転をするのです。クルクルクルクル回っていると上下がわからなくなってくる。そのわからなくなったところで、パニックにならずに水中からあがってくるという練習です。周《まわ》りの人にはその様子が本当に溺《おぼ》れているように見えたらしく、よくみんなが寄《よ》ってきて大騒《おおさわ》ぎになりました。

また、兄には普《ふ》通《つう》の深さのプールよりも、ダイビング用の深さが四メートルあるプールのほうが楽そうでした。人間というのは、水中で危《き》険《けん》を察《さっ》知《ち》すると、無《む》意《い》識《しき》に足を出すらしいのです。とっさに安定を求《もと》めるのでしょう。普《ふ》通《つう》のプールでそうすると、切《せつ》断《だん》部《ぶ》の先がプールの側《そく》面《めん》や底《てい》部《ぶ》に当たって骨《ほね》に響《ひび》き、とても痛《いた》いらしいのです。普《ふ》通《つう》の人には危《き》険《けん》そうな深さが兄にはむしろ楽だなんて、どこか変《へん》な気がするのですが――。

ダイビングのライセンスを得《え》るには立ち泳ぎができなければなりません。もちろん、何かあった場合に自分で自分の身を守りきれない人間にライセンスなんて出せるわけはないでしょう。兄はライセンス、それも障《しょう》害《がい》者《しゃ》用《よう》ではなく一《いっ》般《ぱん》のものがほしくて、ついに立ち泳ぎと平泳ぎができるようになりました。

ダイビングの場合、体のある程《てい》度《ど》の部分を失《うしな》った人は、健《けん》康《こう》の体の人とは体内に蓄《ちく》積《せき》する窒《ちっ》素《そ》量《りょう》が違《ちが》うらしいのです。潜《せん》水《すい》病《びょう》につながる窒《ちっ》素《そ》の量《りょう》を計算して、潜《せん》水《すい》時《じ》間《かん》を決める計算というのがありました。この計算をきちんとしないで潜《せん》水《すい》すると他の人に迷《めい》惑《わく》をかけることになると、これだけはインストラクターに何度も厳《きび》しくいわれていました。兄はそれを聞いて「普《ふ》通《つう》の人と同

ウォールクライミングで上半身強化

じようにできると思ったけど、やはり普通《ふつう》じゃないんだな」と、少し深刻《しんこく》な表情《ひょうじょう》を見せました。それでも二〇〇五年に、ＰＡＤＩ（世界最大《さいだい》のスクーバダイビング教育機関《きょういくきかん》）が認定《にんてい》する一般《いっぱん》ライセンスを取得《しゅとく》しました。

　ウォールクライミングは、まさに必要《ひつよう》から生じて始めた〝遊び〟でした。両足がないため、兄は自分の身を守るには上半身に頼《たよ》らなければなりません。ウォールクライミングは上半身強化のためにピッタリだと、兄は目をつけたようです。

　ご承知《しょうち》のようにウォールクライミングは、人工の壁面《へきめん》に凹凸《おうとつ》やオーバーハングを設《もう》けた岩登りの練習場です。兄が行った練習場は大通りに面した建物《たてもの》の壁《かべ》で、通行人や車の中の人が「おおっ！」といった表情《ひょうじょう》で、壁《かべ》にしがみつく兄を見ていました。が、本人は人目も気にせず、「思うように力が入らないのはどうして？」と、首をかしげながら体を上へと持ち上げようとするのでした。

足場に義足《ぎそく》を乗せ、腕《うで》の力で体を引っ張《ぱ》りあげていくのですが、どうしても足場にどの程度《ていど》の力がかかっているのか把握《はあく》できなかったようなのです。もともとクライミングができるようにと始めたものではありません。兄には、自分の体の状態《じょうたい》ではできないことを、きちんと理解《りかい》することが大事なのでした。

そんなころでした。三キロのトリムマラソンがあることを知ったのは――。

第三章　ホノルルマラソンへの道

中部《ちゅうぶ》トリムマラソン大会出場……………勉《つとむ》

マラソンをしようと思ったのは、歩行訓練《ほこうくんれん》の延長上《えんちょうじょう》の、少しハードなリハビリを自分に課《か》そうという考えからだった。長時間歩くことが苦手だったので、いちばん苦しいことができれば、他のことはなんでもできるようになる、そんな気がしたのだ。歩くことよりつらい〝走ること〟ができれば、と。

最初《さいしょ》は短めのマラソンから始め、最終的《さいしゅうてき》にはフルマラソン、四二・一九五キロを走破《そうは》する。とりわけフルマラソンを目標《もくひょう》にしたのは、ただの体力勝負ではなく、苦しくても途中《とちゅう》であきらめない習慣《しゅうかん》を身につけたいという思いがあったからだ。〝あきらめない習慣《しゅうかん》〟は、私《わたし》が子どものころから大切にしてきたことのひとつだった。障害《しょうがい》を抱《かか》えたいまも、いやいまだからこそ、この習慣《しゅうかん》を失《な》くしたくなかったのだ。

国立身体障害者《こくりつしんたいしょうがいしゃ》リハビリテーションセンターに同じ時期に入院していた高次脳機能障害《こうじのうきのうしょうがい》を持っている友人に再会《さいかい》したとき、「周《まわ》りの人と同じように仕事をするのがいちばんむず

かしい。自分にできることは限《かぎ》られている。それでジレンマに陥《おちい》っている」という相談を受けた。それに対して私《わたし》は、

「他の人と同じようなことをしようと思ってもできないのは、事実だよね。だけど、できないことを言い訳《わけ》にしてもしょうがないんじゃないの。できることをやったらいいじゃない」

と答えた。

沖縄《おきなわ》に戻《もど》って一年。いい義足《ぎそく》ができたらマラソンに参加《さんか》したいと思っていたが、なかなか自分の足にしっくりとくる義足《ぎそく》はできあがらないでいた。自分の足に合う義足《ぎそく》？　なんだ、言い訳《わけ》じゃないか。義足《ぎそく》ができるのを待っていたらいつまでたっても走れやしない。

〝できることをやれば〟なんてえらそうにいっておいて、自分はやろうとしていない――

そんなときに知ったのが、中部《ちゅうぶ》トリムマラソン大会の開催《かいさい》だった。

マラソンは完走《かんそう》すれば記録《きろく》が残《のこ》る。何キロを何時間で走ったかが、数字で残《のこ》る。私《わたし》はマラソンの記録《きろく》を、すなわちリハビリの記録《きろく》にしようと、中部《ちゅうぶ》トリムマラソンの三キロコースにエントリーした。

トリムマラソンは走破目標《そうはもくひょう》タイムが自己申告制《じこしんこくせい》になっている。私《わたし》は三キロの制限時間《せいげんじかん》

いっぱいの四〇分で走ると申告《しんこく》した。会場は沖縄《おきなわ》市の沖縄県総合運動公園陸上競技場《おきなわけんそうごううんどうこうえんりくじょうきょうぎじょう》。その遊歩道コースが三キロトリムのコースだった。

二〇〇四年一一月一四日の大会だったが、私《わたし》は新聞記事で九月に開催《かいさい》を知り、一人で勝手にエントリーした。妹たちに話したのは大会の一週間前。妹夫婦《いもうとふうふ》は「エーッ！　三キロも走るの」と驚《おどろ》き、あわてて伴走《ばんそう》のためにエントリーしようとしたが、すでに締《し》め切られていた。結局《けっきょく》、義弟《おとうと》がもしものときのための杖《つえ》を持って、私《わたし》を追いかけてコースの外周《がいしゅう》を小走りで走ることになった。

スタート。

私《わたし》はいきなり走り始めた。いや、かなりのスピードで歩き出した。両足義足《りょうあしぎそく》で、補助道具《ほじょどうぐ》を使わず——。

三百メートル、五百メートル。妹夫婦《いもうとふうふ》は引きつったような顔をして小走りに私《わたし》を追う。正規《せいき》のグラウンドじゃないので路面が悪い。ときおり勾配《こうばい》もある。つまずき、よろめきはするが、とにかく前へと足を運ぶ。

一〇〇〇メートル、一五〇〇メートル。足がしびれている。感覚《かんかく》が薄《うす》れていく。二〇〇〇メートル。痛《いた》い、無理《むり》だ。いや、走る、走れる。

二五〇〇メートル。すでに三〇分も走っている。

四〇分の制限時間以内《せいげんじかんいない》に走れるのか。スピードが落ちている。汗《あせ》が目に入る。目がかすむ――。

ゴール。三七分三四秒。完走《かんそう》だ、いや完歩《かんぽ》した。

と、なにこの拍手《はくしゅ》！　ゴール地点にいた参加者《さんかしゃ》や応援《おうえん》の方々、大会関係者《たいかいかんけいしゃ》のものすごい声援《せいえん》が耳に入ってきた。私《わたし》のため？　この拍手《はくしゅ》はみんな私《わたし》のために？

妹が用意していた車椅子《くるまいす》にへたり込《こ》みながら、私《わたし》は感動していた。心から感動していた。足は痛《いた》くてたまらないのだが、走って良《よ》かったという達成感《たっせいかん》に加《くわ》えて、見知らぬ人たちからのねぎらいがうれしくて、痛《いた》みに顔をしかめることなんて、できなかった。と、新聞記者と名乗る人がきて、話を聞かせてくれという。それで事故《じこ》の経緯《けいい》やトリムマラソンへの挑戦《ちょうせん》の話をすると、「次の目標《もくひょう》はなんですか？」と聞く。私《わたし》は、

「いつかホノルルマラソンを走りたい」

と答えた。しっかりと〝いつか〟をつけたように、本当にいつの日かホノルルマラソンに出られたらいいなと、軽い気持ちで答えたのだった。

その〝いつか〟が、まさかわずか一カ月後になるとは、私《わたし》にも信《しん》じられなかった。

やっぱり本気だ！…………智美《さとみ》

〈転倒《てんとう》して足に傷《きず》ができないかしら〉
〈足が腫《は》れあがったらどうしよう〉
〈突然《とつぜん》、なんでトリムマラソンなのよ！〉

二〇〇四年一一月一四日の中部《ちゅうぶ》トリムマラソン。私《わたし》は夫《おっと》とともにコース外から兄を見つめて走りながら、内心はハラハラしどおしでした。それなのに兄ときたら、記者さんの質問《しつもん》を受けて、「いつかホノルルマラソンを走りたい」なんて答えていました。こちらの心配も知らないで……。でも、走り切ったあとの、あの充実感《じゅうじつかん》あふれる笑顔《えがお》は本当に印象的《いんしょうてき》でした。「良《よ》かった。すごいよ。三キロ走っちゃった」と、汗《あせ》まみれの顔をクシャクシャにして笑《わら》っていた兄の顔は、とても晴々としていました。

そのほんの数日後、

「フルマラソンはちゃんとした義足《ぎそく》ができてから、なんていうのは言い訳《わけ》だよね。言い訳《わけ》する前にやってみなきゃ、ねっ」

兄はホノルルマラソンに挑戦《ちょうせん》したいと、真顔でいい出した。

「ホノルルマラソンって何キロ？　フルマラソン以外に五キロくらいのもあるの？」

内心にフツフツとわきあがってくる不安《ふあん》を抑《おさ》えながら、私《わたし》は聞き返しました。

「四二・一九五キロ！」

兄は目を輝《かがや》かせて答える。

「そうだね、きっといつか走れるね」

私《わたし》はとにかくこの話を打ち切ってしまいたい。いや、せめて何年か先の話の、希望的《きぼうてき》な観測《かんそく》だと思いたい。それなのに、兄の言葉はどんどんと核心《かくしん》に近づいていく。

「今年のホノルルマラソンは一二月一二日だけど、いっしょに行ける？」

来たっ。それでも私《わたし》はまだ淡《あわ》い期待をもって話題を遠ざけようとする。

「そうね、お兄ちゃんが走る前に、いちどホノルルの雰囲気《ふんいき》を知っておくのもいいかもね」

いいながらカレンダーに目をやる。な、なんとその日まで、二週間あまり。心臓《しんぞう》がバクバクとし始める。

「義足《ぎそく》の調子が良《よ》くないので、予備《よび》の義足《ぎそく》を持って走ってくれる？」

うわあっ、やっぱり本気だ。それにしても三キロトリムを走れたからといって、その経験《けいけん》を十倍以上の距離《きょり》のフルマラソンにあてはめようなんて、そんな無茶《むちゃ》な！　私《わたし》が止める、あるいは再《さい》考《こう》をうながす前に兄は、

「やってもいないのに無理《むり》なんていわないで。一人でも行くから」

軽くいい放つ。

ホノルルマラソン当日まで、あと二週間。エントリー期限《きげん》はもう過《す》ぎているのではないか。わずかな望《のぞ》みをたくしてそのことを聞くと、

「現地《げんち》でのエントリーは、前日までできるんだって」

と、しっかり手続き方法《ほうほう》まで調べているのでした。

その夜、私《わたし》は夫《おっと》に兄の急なホノルル挑戦《ちょうせん》の話をしました。夫《おっと》は、

「エッ？　どうしてそんなことを？　フルマラソンね。長すぎるよ」

両手で頭を抱《かか》えたきり、黙《だま》り込《こ》んでしまいました。夫《おっと》は兄が入院して以来《いらい》、つとめて兄の理解《りかい》者《しゃ》になろうと努力《どりょく》していました。肉親である私《わたし》が感情《かんじょう》的《てき》になる分、自分は冷静《れいせい》にならねばならないと思っていたようです。また私《わたし》の女性的《じょせいてき》、母性的《ぼせいてき》な発想に対して、夫《おっと》はできるだけ同士的《どうしてき》、仲《なか》間的《まてき》に兄の言動を見つめようとしていました。その結果《けっか》、兄にもっとも寛容《かんよう》な存在《そんざい》となっていた

のでした。その夫《おっと》さえも、今回の兄の突発的《とっぱつてき》なホノルル行きには困惑《こんわく》してしまったようです。しばらく沈黙《ちんもく》していた夫《おっと》が、私《わたし》に向き直りました。

「大事なのは本人がしたいということをやらせることかな……義兄《にい》さんがチャレンジしたいと思っているのなら、そうするのがいいのかもしれない……」

絶句《ぜっく》！　夫《おっと》まで兄と同じようなことをいい出したのです。

「でも、痛《いた》みのことを考えて。三キロトリムのあとだって、あんなに痛《いた》がっていたのに」

「足の痛《いた》みは本人がいちばんわかっていること。義兄《にい》さんはこれまでも痛《いた》い思いをしながらいろいろやってきたじゃないか。自分ができないことをなくすようにチャレンジしてきたから早く社《しゃ》会復帰《かいふっき》でき、痛《いた》みがあっても明るく過《す》ごしていられるんじゃないか……」

ああ、私《わたし》はまた兄と夫《おっと》の連係《れんけい》プレーにしてやられてしまう……。

「やる気があるからこそ、義兄《にい》さんはいつも充実《じゅうじつ》しているんだよ」

突然《とつぜん》の事故《じこ》で大きな障害《しょうがい》を抱《かか》えても、以前《いぜん》の兄と変《か》わらぬ〝ヤル気〟で、闘病《とうびょう》に、会社再建《かいしゃさいけん》にと立ち向かってきた兄を、夫《おっと》は〝義兄的天然思考《あにてきてんねんしこう》〟とあきれつつも応援《おうえん》してきていました。その夫《おっと》が応援《おうえん》するというのなら、実の妹である私《わたし》が無視《むし》するわけにはいきません。私《わたし》たちは「とにかくいっしょに行こう」と決意するしかありませんでした。

起こるであろう状況《じょうきょう》は、だいたい予想できます。足に傷《きず》ができる。そして痛《いた》む。汗《あせ》で皮膚《ひふ》にトラブルが生じる。骨《ほね》の痛《いた》みも出る——でも、そばについていればどうにか対処《たいしょ》できるだろう。夫《おっと》がいっしょなら、たとえ義足《ぎそく》が履《は》けなくなったとしても、どうにか解決策《かいけつさく》を考えることができるだろう……。

ともあれ、いっしょに行くと決めたからには、まずスケジュール調整。なにしろホノルルマラソンまで、あと二週間。

夫《おっと》には一二月一四日の夕方から、何カ月も前から決まっていた変更《へんこう》できない大事な予定が入っていました。一二日のマラソンを終えて一四日の予定の時間までに到着《とうちゃく》できる飛行機便《ひこうきびん》を確保《かくほ》しなければ。が、アウト。マラソン終了後の便《びん》では不可能《ふかのう》とのことでした。

「いっしょに行きたいけど、予定に間に合わないのなら、無理《むり》だな。義兄《にい》さんとがんばってきて」

夫《おっと》はあっさりという。おまけに、

「足に衝撃《しょうげき》がかからないように、路面をよく選《えら》んであげてよ」

「定期的《ていきてき》に義足《ぎそく》を脱《ぬ》ぐ場所を、ちゃんと確保《かくほ》するんだよ」

などと、私《わたし》にもわかりきっているアドバイスをくれる。

〈そんな問題じゃないのよ。両足がある私《わたし》でさえ、四二・一九五キロなんて、走ったことも歩いたことさえないのよ。それが両足義足《りょうあしぎそく》の兄といっしょに走るのに、どれだけ不安《ふあん》なのか、あなたわかっているの？〉

私《わたし》は少し腹立《はらだ》たしく思っていました。こんなことを考え出した兄に、そして結局《けっきょく》は賛成《さんせい》してしまう夫《おっと》に……。痛《いた》みで動けなくなったら、私《わたし》一人で兄を運ぶのだろうか。二本の予備《よび》の義足《ぎそく》を持ち、水や医療品《いりょうひん》を入れたリュックを背負《せお》って走れるのだろうか。転倒《てんとう》したときのケアは？　次から次へと不安材料《ふあんざいりょう》は募《つの》る。夫《おっと》はそれでも、

「大丈夫《だいじょうぶ》、大丈夫《だいじょうぶ》。もっと大変《たいへん》なことをしてきたじゃない」

いつもの楽天家に戻《もど》っているのでした。

エントリー…………勉《つとむ》

私《わたし》は妹から義弟《おとうと》のスケジュールのことを知らされたあとも、ホノルルマラソン・ツアーのキャンセル状況《じょうきょう》をこまめにチェックしていた。例年《れいねん》、日本からあれだけの人数が参加《さんか》している。必《かなら》ずキャンセルが出るはずだ、と。

三キロトリムのあと、私《わたし》の足にはかなりの痛《いた》みが出た。が、思いのほか回復《かいふく》が早かった。それだからこそ、思い切ってホノルルへ飛《と》ぶことを決めたのだった。しかし今度は四二・一九五キロだ。おそらくこれを完走《かんそう》したならば、一カ月は義足《ぎそく》を履《は》くことができなくなるだろう、との予測《よそく》も立てた。となれば会社運営《かいしゃうんえい》や仕事にも当然《とうぜん》、支障《ししょう》が出る。そこであらかじめ専務《せんむ》に相談をした。専務《せんむ》は、

「社長がやりたいことはぜひ、やってほしい。仕事上の取引きや手続《てつづ》きは、自分が考えてサポート体制《たいせい》をつくる」

と、こころよく送り出してくれることになった。私《わたし》はそれを聞いて、傷《きず》ができようが骨《ほね》

が痛《いた》もうが、あきらめずに前進してゴールラインを踏《ふ》もうと固《かた》く決意した。

同時に、医師《いし》や義足製作所《ぎそくせいさくじょ》にも計画を話し、できるだけ有効《ゆうこう》な情報《じょうほう》を集めようとした。

沖縄《おきなわ》に戻《もど》ってから治療《ちりょう》を受けていた整形外科医は常々《つねづね》、

「ある程度《ていど》の日常生活《にちじょうせいかつ》ができているのだから、島袋《しまぶくろ》さんはいいほうだ」

という感覚《かんかく》の方だった。義足《ぎそく》は長時間歩くためにあるものじゃなく、基本的《きほんてき》な生活の支《ささ》えになっているのなら、それでいいじゃないかという考え方だった。私《わたし》はマラソンを走るということをついにいい出せず、長い時間歩いてみたいのだがと、控《ひか》え目に切り出すと、

「本気?」

とんでもないことをいうんじゃないといった表情《ひょうじょう》で顔をのぞき込《こ》まれた。とてもじゃないけど、マラソンの「マ」の字も切り出せずに医師《いし》の前から逃《に》げ出した。

しかし実際《じっさい》にエントリーをすると決めると、過去《かこ》に義足《ぎそく》で走った経験者《けいけんしゃ》がいるのなら、ランニング中に起こることなどを聞いておきたかった。私《わたし》は義足製作所《ぎそくせいさくじょ》や義足《ぎそく》の部品メーカーにかたっぱしから連絡《れんらく》し、かつて両足義足《りょうあしぎそく》のマラソンランナーがいなかったかを問い合わせた。しかし返ってくる答えは、すべて「聞いたことがない」というものだった。

またメーカーへの連絡《れんらく》の際《さい》には、両足義足《りょうあしぎそく》でマラソンを走れるだろうかと、その可能性《かのうせい》

も尋《たず》ねた。この質問《しつもん》にも一様に「無理《むり》だ」という回答が返ってきた。沖縄《おきなわ》の医師《いし》同様に、長時間の歩行さえいけないという返事もあった。

そんな中、メールでの問い合わせに詳《くわ》しく答えてくださった方がいた。義肢装具士《ぎしそうぐし》の臼《うす》井二美男《いふみお》さんだ。臼井《うすい》さんは、

「片下腿切断者《かたかたいせつだんしゃ》のマラソンランナーはいますが、両下腿切断者《りょうかたいせつだんしゃ》のフルマラソンは、聞いたことがありません」

と教えてくれた。さらに、アテネやシドニーのパラリンピックで、一〇〇メートル走に出た両足義足《りょうあしぎそく》のランナーがいたことも知らせてくれた。臼井《うすい》さんは実際《じっさい》にパラリンピックの競技用《きょうぎよう》の義足《ぎそく》を作っている義肢研究員《ぎしけんきゅういん》で、私《わたし》はのちに、この人に義足《ぎそく》を作ってもらうようになった。

「両足義足《りょうあしぎそく》でマラソンは無理《むり》だという人たちは、みんな「足がもたない」という。そして彼《かれ》らは、「そんなに走りたいのなら〝車椅子《くるまいす》マラソン〟というのがあるから、それをしなさい」というのだった。しかし、私《わたし》はどんなに時間がかかっても、ぜひ一般のフルマラソンに挑戦《ちょうせん》したかったのだ。速く走るためではなく、あきらめないために。問い合わせの中で、足に負担《ふたん》がかかるという言葉から、杖《つえ》を用いるというヒントが生まれた。私《わたし》は大会事務局《たいかいじむきょく》

にメールで問い合わせた。すると、

「杖《つえ》をつくのは問題ない。車輪《しゃりん》がついているのは車椅子《くるまいす》マラソンのカテゴリーになるが、杖《つえ》ならばＯＫ」

という返事だった。

最後《さいご》に電話をかけたのは、私《わたし》にパラリンピックの写真を見せてくれた稲葉《いなば》さんのところだった。「あの写真がきっかけで、私《わたし》はとうとうマラソンに出ることにしました」とお伝《つた》えしたのだ。稲葉《いなば》さんは、

「そうなんですか」

喜《よろこ》ぶというよりも複雑《ふくざつ》な心境《しんきょう》をうかがわせる様子で電話を切った。

翌日《よくじつ》、その稲葉《いなば》さんから電話があった。

「昨日《きのう》の話、本当ですか？　本当にホノルルマラソンを走るんですか？」

「ハイッ！」

私《わたし》がきっぱりと応《おう》じると、

「じゃあ、私《わたし》も行きます」

今度はこちらが複雑《ふくざつ》、というよりも驚愕《きょうがく》する番だった。

「どうして稲葉《いなば》さんもいらっしゃるんですか?」

私《わたし》は驚《おどろ》きを隠《かく》さずに尋《たず》ねた。

「そんなことを考えるのは、島袋《しまぶくろ》さんしかいませんから」

稲葉《いなば》さんは研究的《けんきゅうてき》な立場からも、両足義足《りょうあしぎそく》のマラソンランナーを、じかに見たいというのだった。さらに私《わたし》が杖《つえ》のことを話すと、医療用《いりょうよう》の歩行補助杖《ほこうほじょつえ》であるロフストランドクラッチの使用をすすめてくれた。

ロフストランドクラッチというのは、基本的《きほんてき》には松葉杖《まつばづえ》と同じ役割《やくわり》を果《は》たすものだ。松《まつ》葉杖《ばづえ》は脇《わき》の下と、杖《つえ》の中程《なかほど》にわたした横木を握《にぎ》ることで体を支《ささ》え、踏《ふ》み出す足への負担《ふたん》を分散《ぶんさん》する機能《きのう》になっている。一方、ロフストランドクラッチは、腕《うで》の力で大きく踏《ふ》み出すように使用する。

私《わたし》はホノルルに、ロフストランドクラッチを持って行くことにした。

そしてもうひとつ、長く病いの身にある母親もハワイにつれて行くことに決めた。

お母さんも行きたい？…………智美《さとみ》

またも無理難題《むりなんだい》。夫《おっと》がいっしょに行けそうもなくなって、ただでも私《わたし》にかかってくる負担《ふたん》が多くなっているというのに、兄は母親もつれていくといい出しました。

前にも書いたように、母は自動車事故《じどうしゃじこ》で水頭症《すいとうしょう》を発症《はっしょう》し二回もの手術《しゅじゅつ》を重ね、いまもその後遺症《こういしょう》に悩《なや》んでいます。私《わたし》たち夫婦《ふうふ》が沖縄《おきなわ》で暮《く》らすようになり、病院生活ではなく私《わたし》たちと同居《どうきょ》でき、それだけで喜《よろこ》んでいるというのに、兄はその母をホノルルへ同行させようというのです。

二〇〇〇年、春。母は入院中に感染症《かんせんしょう》が悪化し、回復不可能《かいふくふかのう》といわれました。しかし兄も私も、絶望《ぜつぼう》を告《つ》げる入院先の医師《いし》の言葉を、「はいわかりました」と、簡単《かんたん》に受け入れることはしたくなかったのです。最善《さいぜん》を尽《つ》くしてそれでもだめならばあきらめがつくが、可能性《かのうせい》がある限《かぎ》りは母に治療《ちりょう》を受けさせたかったのです。

当時、長野《ながの》市に住んでいた私《わたし》は、沖縄《おきなわ》の兄と連絡《れんらく》を取りながら、脳神経外科《のうしんけいげか》で内視鏡手術《ないしきょうしゅじゅつ》を行っている病院を探《さが》しました。書店の医療専門書《いりょうせんもんしょ》から脳神経外科専門《のうしんけいげかせんもん》の病院、医師《いし》をピックアップレ、インターネットで手術《しゅじゅつ》内容《ないよう》を検索《けんさく》してリストアップ、そのうえで電話で医師《いし》に直接《ちょくせつ》、相談するこことにしたのです。

うれしいことに、電話をかけ始めたその日のうちに、専門医《せんもんい》と直接《ちょくせつ》お話する機会《きかい》に恵《めぐ》まれました。

東京女子医科大脳神経《とうきょうじょしいかだいのうしんけい》センターの上川秀士《かみかわしゅうじ》先生。

私《わたし》は東京女子医大《とうきょうじょしいだい》の脳神経《のうしんけい》センターの医局に電話しました。母親の病状《びょうじょう》を簡単《かんたん》に説明《せつめい》し、その状態《じょうたい》で内視鏡《ないしきょう》による第三脳室開窓術《だいさんのうしつかいそうじゅつ》が可能《かのう》かどうか、専門医《せんもんい》に相談したいと話したのです。医局で電話を受けてくださった方は、「専門《せんもん》の医師《いし》はいま手術中《しゅじゅつちゅう》です」と、ていねいな受け応《こた》えをしてくれました。私《わたし》は手術《しゅじゅつ》の終了予定時間《しゅうりょうよていじかん》をうかがって、もう一度電話をさしあげたいといって電話を切りました。

終了予定時間《しゅうりょうよていじかん》、私《わたし》は祈《いの》るような気持ちで再《ふたた》び電話をかけました。すると、手術《しゅじゅつ》の予定時間が長引いていると、さきに電話を受けてくれた同じ女性が申し訳《わけ》なさそうにいうのでした。やはりいきなり電話一本でというのは無理《むり》な話だったのかしらと思った瞬間《しゅんかん》、「手術終了後《しゅじゅつしゅうりょうご》にこちらから連絡《れんらく》させますので、電話番号をお知らせください」と、思いもかけなかった言葉がつづきました。

〈今日、初《はじ》めて電話をかけただけの私《わたし》に、本当に専門医《せんもんい》が直接《ちょくせつ》、電話をしてくださるのだろうか？〉

私《わたし》は半信半疑《はんしんはんぎ》で、自分の電話番号を伝《つた》えました。それから二時間後、コール音が響《ひび》きました。

上川秀士《かみかわしゅうじ》先生でした。

私《わたし》はなにより、一面識《いちめんしき》もない県外在住《けんがいざいじゅう》の人間に、約束《やくそく》どおりに電話をくださった上川《かみかわ》先生の誠《せい》実《じつ》さに感動しました。その感動と母の病状《びょうじょう》を正確《せいかく》に伝《つた》えねばという気の焦《あせ》りとを必死《ひっし》に落ち着かせながら、私《わたし》は母の緊急《きんきゅう》な容態《ようたい》を説明《せつめい》しました。

上川《かみかわ》先生は、夜の遅《おそ》い時間にもかかわらず、時に私《わたし》に質問《しつもん》を投げかけながら、ていねいに対応《たいおう》してくださいました。

「CTのフィルムがあれば、確認《かくにん》しながら話し合ったほうがいいです。もちろん少しでも早いほうがいい」

私《わたし》は翌日《よくじつ》、始発の新幹線《しんかんせん》で上京することにし、上川《かみかわ》先生は午前九時に医局で会えるように手配をしてくださったのです。

事態《じたい》は急転回しました。

私《わたし》との面談が終わると上川《かみかわ》先生は、母の入院先である沖縄《おきなわ》の病院の担当医《たんとうい》に電話をし、さらに詳《くわ》しく母の病状《びょうじょう》を聞いてくださったのです。目の前で次々に事態《じたい》が進展《しんてん》していくことに、ただただ驚《おどろ》いている私《わたし》を、上川《かみかわ》先生はさらに驚《おどろ》かせてくれました。私《わたし》が母の東京への転院の手続《てつづ》きや移送法《いそうほう》について尋《たず》ねようとすると、先生は私《わたし》を制《せい》するようにして、

「いや、私《わたし》が沖縄《おきなわ》に出向きます。患者《かんじゃ》さんに無理《むり》な移動《いどう》をさせるのじゃなく、健康《けんこう》な人間が移動《いどう》するのが筋《すじ》でしょう。沖縄《おきなわ》で内視鏡手術《ないしきょうしゅじゅつ》を行います」

私《わたし》が考えもしなかった言葉を発してくださったのです。母の容態《ようたい》では飛行機《ひこうき》での移動《いどう》は非常《ひじょう》に危険《きけん》だ。命をとりとめたとしても、極端《きょくたん》な気圧《きあつ》の変化《へんか》で重度の脳障害《のうしょうがい》が生じる可能性《かのうせい》が高い。だから私《わたし》が行く——上川《かみかわ》先生は明解《めいかい》に説明《せつめい》をしてくれるのでした。私《わたし》は前夜の電話から半日もたっていない間に、消えかけていた母の命の灯《ともしび》が、再《ふたた》び強く燃《も》え始めたかのような喜《よろこ》びを覚《おぼ》えました。そんな温かくかつ力強い感動を与えてくれている先生はさらに、

「医療《いりょう》の地域格差《ちいきかくさ》はなくさなければいけません。大学病院や専門医療研究所《せんもんいりょうけんきゅうじょ》が集中した地域《ちいき》で医療《いりょう》が進歩しても、そこまで移動《いどう》できない患者《かんじゃ》にはなんの意味もありません。重症患者《じゅうしょうかんじゃ》が移動《いどう》するのではなく、必要《ひつよう》とされている医療技術者《いりょうぎじゅつしゃ》が患者《かんじゃ》のほうに出向く、そんなシステム作りが重要《じゅうよう》ですね」

と、やさしく語りかけるのでした。

その後、上川《かみかわ》先生は沖縄《おきなわ》で母の手術《しゅじゅつ》をしてくださいました。母は内視鏡手術《ないしきょうしゅじゅつ》を受け、時間の経過《けいか》とともに順調《じゅんちょう》な回復《かいふく》をみせ、記憶《きおく》や認識力《にんしきりょく》が戻《もど》り、自分の名前をいえるようになり、しだいに母本来の表情《ひょうじょう》を取り戻《もど》していきました。

母はやがて退院《たいいん》できました。しかし、脳《のう》の障害《しょうがい》がすべて取り除《のぞ》かれたわけではありません。ベッドから起きて動けるようになったのはいいのですが、今度は自分の限界《げんかい》を認識《にんしき》できず動きまわりすぎるという弊害《へいがい》が生じました。動きすぎてつい転倒《てんとう》してしまうのです。腕《うで》の骨折《こっせつ》、腰《こし》の圧《あっ》迫骨折《ぱくこっせつ》と外傷《がいしょう》が重なるようになりました。私《わたし》たち夫婦《ふうふ》が長野《ながの》から沖縄《おきなわ》に帰ったのは、そんな母と同居《どうきょ》して母のリハビリにともに取り組む目的《もくてき》もあったのです。

二〇〇〇年四月のこの手術以後《しゅじゅついご》、母は脳《のう》の手術《しゅじゅつ》を行うことなく生活できています。しかし、彼女《かのじょ》の認識力《にんしきりょく》はまだ回復《かいふく》の途上《とじょう》にあるのです。夜中に目覚《めざ》めると家事を開始する。洗濯《せんたく》を始めたり掃除《そうじ》機《き》をかけたり、と。また、健康《けんこう》な私《わたし》でも持てない重いものを動かそうとして倒《たお》れてしまう――私《わたし》は深夜に何度も起きて注意する。時計を確認《かくにん》させて寝《ね》かせる。目に入る場所に〝夜は寝《ね》る時間。夜は目が覚《さ》めても家事をしてはいけない〟と表示《ひょうじ》もした。しかしなかなか思うようにいうことを聞いてくれない――いわば私《わたし》たち夫婦《ふうふ》は〝爆弾《ばくだん》〟を抱《かか》えたような生活をしていたのです。

兄はその〝爆弾《ばくだん》〟をホノルルにつれていこうというのでした。私《わたし》にはホテルの夜、母が何をしでかすか容易《ようい》に想像《そうぞう》できます。兄の足のことを考えるだけでも心配なのに、さらに心配の種《たね》を持ち込《こ》もうとする兄に、私《わたし》は相当な〝覚悟《かくご》〟を強いられたのでした。

ともあれ〝爆弾《ばくだん》〟の意志《いし》だって確認《かくにん》しなければなりません。

「お兄ちゃんがホノルルマラソンを走るんだって。お母さんも行きたい？」

内心では、行けないという答えがあることを期待しながら、私《わたし》は尋《たず》ねました。

「お兄ちゃん、義足《ぎそく》でマラソンなんて走れるのかね？　走れるのなら、お母さんも行って、走る姿《すがた》を見たいね」

母は目をパチクリさせて明るくいうのでした。

〈似《に》たもの母子――〉

私《わたし》は覚悟《かくご》を決めました。

いざ、ホノルル行きは決めたものの、兄が担当《たんとう》したチケットの手配はなかなか思うようにいきません。それでも兄は、すでに当人があきらめている夫《おっと》のチケットも含めて、インターネットを通じ、あるいはツアー主催者《しゅさいしゃ》に電話してと、あちこちにあたっては「どうにかなるさ」と、くじける様子を見せないのでした。

そうしているうちに、兄はなんとまっさきに夫《おっと》の飛行機便《ひこうきびん》の手配に成功《せいこう》しました。ツアー便《びん》と別便《べつびん》を組み合わせ、夫《おっと》だけが私《わたし》たちよりひと足先に帰れる日程《にってい》を組んでしまったのです。しかも那《な》覇《は》空港到着後《くうこうとうちゃくご》の道路渋滞《どうろじゅうたい》を考え、空港からはバイクで帰れるように算段《さんだん》してしまったのでした。

そして私《わたし》たち全員の飛行機《ひこうき》とホテルも次々に確保《かくほ》され、いよいよ両足義足《りょうあしぎそく》のマラソンランナーの誕生《たんじょう》が現実化《げんじつか》することになったのです。いちばん手間取ったのが、私《わたし》がまかされていた母のパスポートを探《さが》すことでした。母は、いつか海外旅行に行けるようにと、パスポートを取っていたのはわかったのですが、どこに保管《ほかん》しているのかさっぱりわからないのです。私《わたし》は長野《ながの》市から那《な》覇《は》市に転居《てんきょ》してからパスポートの住所変更《じゅうしょへんこう》をしていなかったし、夫《おっと》にいたっては数カ月前に期限《きげん》が切れている始末《しまつ》。全員のパスポートがそろったのは出発二日前という綱《つな》わたりのような旅行仕《りょこうじ》度《たく》でした。

ともあれ、兄の強引なまでの実行力と、強運といっていいほどのスケジュール調整に圧倒《あっとう》されながら、母も義姉《あね》も、夫《おっと》も私《わたし》も、夢《ゆめ》の中にいるような気分のまま機中《きちゅう》の人となり、アレアレと思っている間にホノルルはマラソンのスタート地点、アラモアナビーチパーク前に立っていたのでした。

挑戦《ちょうせん》してみるのさ…………勉《つとむ》

二〇〇四年の第三二回JALホノルルマラソンは現地時間《げんちじかん》で一二月一二日の日曜日、午前五時にスタート予定だった。日本国内での最終受付《さいしゅううけつけ》は一一月一二日、つまり私《わたし》が中部《ちゅうぶ》トリムマラソンを走った二日前に締《し》め切られていた。ホノルル現地《げんち》の最終受付《さいしゅううけつけ》は一二月八日から一一日、大会前日までとなっていた。

私《わたし》たちはホノルルに着いた八日の午後、アラモアナのスタート地点に近いハワイコンベンションセンターにエントリーに行った。会場内は、マラソン関連《かんれん》のグッズを売るブースやナイキのオフィシャル・スーベニアショップが開かれていたりして、年に一度のマラソンウィークを迎《むか》えて、多くの人々でにぎわっていた。

私《わたし》は車椅子《くるまいす》に乗って受付に進み、必要書類《ひつようしょるい》を提出《ていしゅつ》してチェックを受けた。妹も義弟《おとうと》も、そして稲葉《いなば》さんも隣《となり》の受付で手続《てつづ》きをすませ、ゼッケン引換証《ひきかえしょう》と書類《しょるい》を受け取った。ふと書類《しょるい》に目を落とすと、私《わたし》の出場レースが「Wheelchair《フォイールチェア》 Race《レース》」、車椅子《くるまいす》レースになっていた。

もちろん妹たちは「Full Marathon《フル　マラソン》」だ。私《わたし》は思わず、

「エーッ！」

と、大声を上げ、受付を振《ふ》り返ってしまった。受付の女性《じょせい》たちは笑顔《えがお》で手を振《ふ》ってよこした。あわてて車椅子《くるまいす》で受付デスクに戻《もど》って聞いた。

「フルマラソンで申込みをしたのに、どうして車椅子《くるまいす》レースにチェックされているの？」

受付嬢《うけつけじょう》は私《わたし》の車椅子《くるまいす》に目をやり、

「車椅子《くるまいす》の方は車椅子《くるまいす》レースに出る決まりなのよ」

と、ハワイの陽光さながらの笑《え》みを浮《う》かべて答えた。

「No! No! It runs with the artificial legs《ノー　ノー　イッツ　ランズ　ウィズ　ズィ　アーティフィシャル　レッグス》」

私《わたし》は急いで義足《ぎそく》で走ることを伝《つた》えた。

女性《じょせい》は目をまんまるに見開いて、

「ワォ！」

と感嘆《かんたん》の声をあげ、私《わたし》の提出書類《ていしゅつしょるい》を見直すと、

「両足義足《りょうあしぎそく》で走れるの？」

心配そうな表情《ひょうじょう》で私《わたし》の目をのぞき込《こ》んだ。

「Yes, It tries《イエス イット トライズ》！(挑戦《ちょうせん》してみるのさ)」

私《わたし》が答えると、すぐに書類《しょるい》を書き換《か》えて、

「日曜日には、必《かなら》ず応援《おうえん》するわ」

と、私《わたし》たちを見送ってくれた。

ホノルルの空港でもホテルのロビーでも、多くの人が私《わたし》の姿《すがた》を見て、マラソンを走るのかと聞いてきた。そのつど私《わたし》は「イエス」と答え、「両足義足《りょうあしぎそく》でね」とつけ加《くわ》えてきたが、みんなピンとこないようだった。私《わたし》はマラソンを走る前に少しでも足を休ませていたくて、義足《ぎそく》を脱《ぬ》ぎ車椅子《くるまいす》に乗っていた。だれもが車椅子《くるまいす》レースの参加者《さんかしゃ》だと思っても、なんの不思議《ふしぎ》もなかった。

ゼッケンと記録計測用《きろくけいそくよう》のチップを受け取った私《わたし》たちは、コースの下見に出かけた。ダイヤモンドヘッドをまわり込《こ》んだ15キロ地点の18番アベニューは、急な下り坂になっている。つづくカラニアナオレ・ハイウェーは平坦《へいたん》な路面で走りやすいはずだ。

私《わたし》は入院中に下り勾配《こうばい》で足を痛《いた》め、義足《ぎそく》が装着不能《そうちゃくふのう》になってしまったことがある。18番アベニューの下り坂は、ぜひとも事前に見ておく必要があった。妹たちは、義足《ぎそく》を脱《ぬ》いで足を休めることのできるベンチがある場所を入念《にゅうねん》にチェックして地図上に書き込《こ》んでいた。

五キロほどつづくハイウェー上のコースには、ベンチなんてあるはずもない。適当《てきとう》なポイントを探《さが》し出すのに苦労《くろう》しているようだった。

それにしても、思った以上《いじょう》にコースの路面状態《ろめんじょうたい》が悪かった。私《わたし》の目の複視《ふくし》には、かなり厳《きび》しいコースだ。足首の感覚《かんかく》がない分、目視《もくし》が重要《じゅうよう》な役割《やくわり》を果《は》たすのだが、その視力《しりょく》にも不自由《ふじゆう》がある。私《わたし》は急坂の陥没部《かんぼつぶ》をできるだけ頭の中に入れておこうと、集中して下見をした。妹は、坂の勾配《こうばい》を見ただけで、走るのをやめさせたいといった顔をしていた。

マラソンの前々日、金曜日の夜にはカピオラニ公園内のワイキキシェルでホノルルマラソン・ルアウがあった。ルアウというのはハワイ語でパーティを意味するらしい。このパーティの通称《つうしょう》はパスタパーティ。メイン料理《りょうり》がランナーの直前食にいい炭水化物のパスタやパンであるところからそう呼《よ》ぶのだという。

ランナーの食事といえば、私《わたし》はマラソン中のエネルギー補給《ほきゅう》なんて何も考えていなかった。水さえあればいいと思っていた。が、前日になって稲葉《いなば》さんから、疲《つか》れてからエネルギー補給《ほきゅう》をしても意味がないといわれた。マラソンランナーのスペシャルドリンクにあたる何かを用意すべきだとアドバイスを受けた。妻《つま》と妹はすぐにドラッグストアに出かけた。が、適当《てきとう》な食品が見つからない。コンベンションセンターのオフィシャルショップならばいいものが用意されているだろうと、みなで出かけてみた。あった。スポーツフーズ・コーナーに試食《ししょく》の用意までされてあった。バニラ、シナモンｅｔｃ。金髪《きんぱつ》のスタッフ嬢《じょう》にすすめられるままに口にした妹が、顔をしかめた。「甘過《あます》ぎる」。あのチョコレート好《ず》きの妹が甘過《あます》ぎるという。それを聞いただけで私《わたし》は水がほしくなってしまった。スタッフ嬢《じょう》はとても親切で、次々に試食《ししょく》をすすめてくれる。つい私《わたし》も一口食べてしまった。ウーッ、強烈《きょうれつ》な甘《あま》さ。辛《から》いものを食べて舌《した》を出したことはあるが、甘《あま》い食物で舌《した》を風に当てたくなったのは初《はじ》めての経験《けいけん》だった。義弟《おとうと》はといえば、一目散《いちもくさん》に冷水機《れいすいき》めがけて走っていった。

結局《けっきょく》、妻《つま》と妹がホテルの近くのスーパーでロードレーサー用のエネルギーバーを発見、これを補助食品《ほじょしょくひん》にすることにした。

ところでパスタパーティの日、私《わたし》たちはコースの下見をしていてパーティ開始時間に遅《おく》れ、かなり急がなければならなかった。みんなが小走りになる中、私《わたし》はロフストランドクラッチを大きく前につき、両足を浮《う》かすようにして踏《ふ》み出すと、なんとそれまで体験《たいけん》したことのないスピードで体が前方に飛《と》んだ。「あっ、これなのか！」。両方のロフストランドクラッチをいっしょに前につき、足を浮《う》かせる走りは、むしろ妹たちより速いくらいだ。なんと、マラソン直前になって、私《わたし》はロフストランドクラッチの効果的《こうかてき》な使用法《しようほう》を身につけたのだった。

それまで私《わたし》は、ロフストランドクラッチを、足が痛《いた》んだときに補助的《ほじょてき》に使うつもりでいた。それが「時間がない。間に合わない」とパスタパーティに急がされたことによって、速く走るコツがつかめ、タイム短縮《たんしゅく》にも希望《きぼう》が生まれたのだった。まさに〝必要《ひつよう》は発明の母〟だった。

私《わたし》には走る前に心配なことが三つあった。

一つは義足《ぎそく》が壊《こわ》れないかという心配。

二つめは、路面の状況《じょうきょう》。

そして最後《さいご》の問題は、ロフストランドクラッチを使うことによって、他の人を引っかけてしまわないかという心配。

これらの心配が、ホノルル入りしてから少しずつ薄《うす》れていった。義足《ぎそく》の問題は、稲葉《いなば》さんという心強い専門家《せんもんか》が同行してくれることになり、気が楽になった。路面は入念《にゅうねん》な下見をしたおかげで、慎重《しんちょう》でさえあれば大事にはいたらないという確信《かくしん》をもてた。最後《さいご》の問題も、妹夫婦《いもうとふうふ》と稲葉《いなば》さんが前後左右をカバーしながら走り、他人が〝ツトム・サークル〟に入らないようにするということで、ほぼ解決《かいけつ》した。

走ろう。走るぞ。走るんだ――パスタパーティの、四〇〇〇人もが集った盛《も》り上がりの中で、私《わたし》の気持ちはさらに高揚《こうよう》していくのだった。

みんな、お兄ちゃんのために…………智美《さとみ》

二〇〇四年一二月一二日、日曜日、午前四時過《す》ぎ――。

アラモアナビーチパーク前のスタート地点は、二万五〇〇〇人を超《こ》えるレース参加者《さんかしゃ》のどよめきで騒然《そうぜん》としていました。あたりはまだ夜の名残《なご》りをとどめて、闇《やみ》。スタート地点の周囲《しゅうい》だけが各種《かくしゅ》のライトに照《て》らし出されて華《はな》やかな明るさ。遠く明け方を前にした空を見やると星々の輝《かがや》き――肌《はだ》の色、髪《かみ》の色の異《こと》なる世界中から集った人々。トップランナーから市民《しみん》ランナーまで、思いおもいにウォーミングアップ。キッと前方を見つめる人。仲間《なかま》と談笑《だんしょう》するグループ。英語やスペイン語に混《ま》じって耳に入ってくる日本人同士《にほんじんどうし》の会話。なにもかもが渾然《こんぜん》として、私《わたし》たちも軽い興《こう》奮《ふん》を覚《おぼ》えていました。

私《わたし》たちは、車椅子《くるまいす》に座《すわ》った兄を囲《かこ》むように、一般《いっぱん》ランナーの目標《もくひょう》走破《そうは》タイムの低《ひく》いグループの横に、小さな円陣《えんじん》を組んでいました。わずか数十分後にはスタートが切られるというのに、私《わたし》にはレースのことなんてどうでもいいのでした。

〈義足《ぎそく》も体も、本当に大丈夫《だいじょうぶ》なの？〉

〈二万五〇〇〇人もの、この大勢《おおぜい》のランナーの中を、本気で走るの？〉

〈やっぱり危《あぶ》ないよ、転んじゃうよ〉

いくつか兄に注意をしようと思うのだが、いまさらのようで、口をつぐむ。

スタート前のアナウンスがコールされる。

午前五時。打ち上げ花火の轟音《ごうおん》と同時に、歓声《かんせい》を上げながらランナーがスタート。思わず身を乗り出す兄の肩《かた》を、そっとおさえる。まだよ、まだまだ。走り出した人の波はぞくぞくとつづき、兄が走り始めるには危険《きけん》な満員電車状態《まんいんでんしゃじょうたい》。

人波が途切《とぎ》れるのを待つ一般《いっぱん》ランナーが、兄のゼッケンと両足の義足《ぎそく》を不思議《ふしぎ》そうに見くらべる。

「All right《オーライ》？（大丈夫かい？）」

「車椅子《くるまいす》レースはもうスタートしたのに、どうしたのかな？」

日本人の声も聞こえてくる。

「君も走るのかい？」

「両足義足《りょうあしぎそく》で？」

「フルマラソンを！」

「場所を間違《まちが》えていない？」

　いろいろな言葉が投げかけられる。

　私《わたし》は、どこかしらとんでもないところに自分が立っている気がする。不安《ふあん》はいっそう大きくなり、つい周囲《しゅうい》を見やる。私《わたし》たちから少し離《はな》れて、病弱な義姉《あね》と脳手術《のうしゅじゅつ》を繰《く》り返してきた母が立っている——そうだ、そうなんだ。みんな、みんな、お兄ちゃんのためにいま、ここにいるんだ。お兄ちゃんはなんのため？　決まってる。自分のため。それならば走らせよう。つらくたって、苦しくたって、気のすむまで走らせよう。私《わたし》たちはできる限《かぎ》りのサポートをしよう——。

　私《わたし》は、少し口うるさいかなと思いながら、兄に最後《さいご》の確認《かくにん》をする。

「お願《ねが》いだから、必《かなら》ず定期的《ていきてき》に義足《ぎそく》を脱《ぬ》いで汗《あせ》を拭《ふ》こうね！」

「皮膚《ひふ》が炎症《えんしょう》して義足《ぎそく》を履《は》けなくなると困《こま》るから、必《かなら》ず休もうね！」

「痛《いた》みがひどくなる前に、自分から合図するのよ！」

　兄は「ウン」とうなずき、走り出すタイミングを見計らっている。

　私《わたし》の言葉に重ねて、稲葉《いなば》さんも声をかける。

「ドクターストップをかけたら完走《かんそう》をあきらめてくださいね。チャンスは今回だけじゃないんだから」

兄の目を見て、しっかりといい聞かせる。

兄が車椅子《くるまいす》から両足義足《りょうあしぎそく》で立ち上がる。

人波は少しゆったりとしてきたようだ。後方には一〇キロのファンウォーク参加者《さんかしゃ》たちが控《ひか》えている。ウォークのスタートは五時二五分の予定だ。

スタート時とゴール時だけは、ロフストランドクラッチを使わずにいたいというのが兄の希望《きぼう》。

立ち上がった兄は、両手をダラリと下げてリラックスさせながら、義足《ぎそく》の具合を慣《な》らしている。母が軽く兄の肩《かた》に手を乗せ、義姉《あね》は笑顔《えがお》で兄の頭にキャップをかぶせる。

ランナーの流れが途切《とぎ》れた。

四人ほどがひとかたまりで走れる空間がある。

いまだ――兄は両手を振《ふ》り上げて、元気にコースに躍《おど》り出る――。

四二・一九五キロへスタート………勉《つとむ》

私《わたし》は少しでも足への負担《ふたん》を少なくするため、走り始める直前まで車椅子《くるまいす》に座《すわ》っていた。また、少しでも走る距離《きょり》を短くしようと、スタート地点に近い場所でスタンバイした。

〈最初《さいしょ》と最後《さいご》はロフストランドクラッチを使わずＤＶＤに残《のこ》したい。カッコ良《よ》く決めたい〉

私《わたし》は事前に、自分のリハビリ記録《きろく》として残《のこ》したいと思い「マイ・マラソンＤＶＤ」を申し込《こ》んでいた。スタートライン、フィニッシュライン、そしてコース上に設置《せっち》されたカメラで撮《と》ったレースを、依頼者《いらいしゃ》を中心に編集《へんしゅう》してくれるというサービスだ。そこで私《わたし》は、スタート時とフィニッシュ時だけは、ロフストランドクラッチを使わず、グリコのマークのようにさっそうと走って映《うつ》ろうと考えていた。

走破《そうは》タイム別《べつ》のグループが次々とスタートしていった。三時間台、五時間台、七時間台、そして最長《さいちょう》タイムの八時間台。それでもランナーの群《む》れは隙間《すきま》なくつづき、なかなか私《わたし》たちが割《わ》り込《こ》むスペースはできなかった。

スタートから一五分以上も過《す》ぎたころ、ゆっくり走ろうというグループの中に、まばらな空間ができ始めた。

「行こう！」

私《わたし》は伴走《ばんそう》の妹《いもうと》夫婦《ふうふ》、稲葉《いなば》さんに声をかけて両足義足《りょうあしぎそく》でコースに踏《ふ》み出した。

私《わたし》の前に妹。左右に義弟《おとうと》と稲葉《いなば》さん。妹は私の前を走り路面状態《ろめんじょうたい》をチェックする役割《やくわり》。あとの二人はリュックを背《せ》にし、その中にはスペアの義足《ぎそく》やミネラルウォーター、エネルギー補給《ほきゅう》のためのスポーツバーなどが入っている。

走り始めてすぐに、私《わたし》は思い知らされた。想像《そうぞう》以上《いじょう》に足に負担《ふたん》がかかる、と。周囲《しゅうい》のランナーが走る勢《いきお》いに巻《ま》き込《こ》まれて、ついつい私《わたし》のペースも上がってしまったのだ。衝撃《しょうげき》が切断部《せつだんぶ》の骨《ほね》にどうしても伝《つた》わる。これは、まずい。

妹に声をかけ、ロフストランドクラッチを手にした。いきなりスピードがアップする。路面が流れるように後方に退《ひ》いていく。マラソンだ。マラソンを走っているんだ。私《わたし》はハワイの朝の空気を吸《す》っては吐《は》き、吐《は》いては吸《す》い、とりあえず順調《じゅんちょう》にレースを進めた。

と、予想外のできごとが起き始めた。周囲《しゅうい》のランナーが私《わたし》に声をかけていくのだ。

「Here《ヒア》 you《ユー》 go《ゴー》！(行こうぜ！)」

「Good《グッド》 job《ジョブ》！（いい走りだよ！）」

ガンバレ、イイゾソノチョウシ、イケイケッ――声や拍手《はくしゅ》ならまだいい。握手《あくしゅ》を求《もと》められたり抱《だ》きつかれたりもする。両手はふさがっているし、抱《だ》きつかれるとよろめいてしまう。ありがたいのやら、ちょっと迷惑《めいわく》なのやら……。

このようにして、私《わたし》の四二・一九五キロへの挑戦《ちょうせん》はスタートしたのだった。

お兄ちゃん、ファイト！…………智美《さとみ》

兄の少し前を私《わたし》は走る。車道には勾配《こうばい》や段差《だんさ》がつきもの。私《わたし》の足ならなんでもないようなちょっとした路面の変化《へんか》でも、硬《かた》い義足《ぎそく》では一気にバランスが崩《くず》れる。

「くぼみありっ」

「なだらかな下り勾配《こうばい》！」

振《ふ》り返っては兄に声をかけ、私《わたし》はレースをリードしていく。

ランナーが兄を見て驚《おどろ》きの表情《ひょうじょう》を見せる。驚《おどろ》きが賛嘆《さんたん》に変《か》わる。親指を立てて激励《げきれい》してくれる人、前方を指して〃行こう！〃と声をかけてくる人、兄の肩《かた》に手をやり涙《なみだ》ぐむ老齢《ろうれい》のランナー。

「サンキュー！」

私《わたし》は兄の代わりに大きく手を振《ふ》って礼をいう。人一倍、他人に愛想《あいそう》のいい兄は、両手がクラッチでふさがっているため手を振《ふ》り返せないのが残念《ざんねん》らしい。それでもクラッチから手を放せない。クラッチはいま、兄の〃命の杖《つえ》〃なんだもの。

兄はすっかりランナーの流れに乗る。

沿道《えんどう》からも驚《おどろ》きの声、そして励《はげ》ましの声が聞こえてくる。

「Good guy《グッドガイ》！（やるじゃない！）」

「BRAVO《ブラボー》！」

「Good job《グッドジョブ》！」

そして、

「がんばって！」

と、日本語も。

声援《せいえん》に応《こた》えるように、兄は快調《かいちょう》に走りつづける。

二キロ過《す》ぎ、進行方向にベンチが見えてくる。下見のときにチェックしておいた最初《さいしょ》の休息ポイント。私《わたし》たちは、ほぼ二キロごとに兄を休息させることに決めていた。

兄は一瞬《いっしゅん》、そのまま走りつづけたそうな表情《ひょうじょう》を見せる。

それでも私《わたし》は、義足《ぎそく》を脱《ぬ》いで汗《あせ》を拭《ふ》き取る合図をした。ランニングをすると、足に装着《そうちゃく》しているシリコン製《せい》のライナーという部分に大量《たいりょう》の汗《あせ》がたまる。この汗《あせ》を拭《ふ》き取らないとライナーの中の汗《あせ》で摩擦《まさつ》が生じてしまう。そのため私《わたし》たちは早め早めに汗《あせ》を拭《ふ》き取る約束《やくそく》をしていた。

ベンチに向かって義足《ぎそく》を脱《ぬ》がせる。稲葉《いなば》さんは兄の手首に指を当て、すばやく脈拍《みゃくはく》を測《はか》る。夫《おっと》はライナーの内側《うちがわ》の汗《あせ》を拭《ふ》き取る。沿道《えんどう》の観衆《かんしゅう》が、私《わたし》たちを取り囲《かこ》むようにして作業を見守る。

兄は再《ふたた》び義足《ぎそく》を履《は》いて走り出す。「ウォーッ！」という歓声《かんせい》と同時に大きな拍手《はくしゅ》が送られる。

「Fine《ファイン》！」

「Wonderful《ワンダフル》！」

指笛が鳴らされ、声援《せいえん》の合唱が響《ひび》き、拍手《はくしゅ》のウェーブがわき起こる。

〈これがアロハ・スピリットなのね〉

私《わたし》の胸《むね》にも感動の波が伝《つた》わってくる。

〈ありがとう。みんな、ありがとう。兄のために、本当にありがとう〉

指先で目尻《めじり》をぬぐい、私《わたし》はまた前方の路面をウォッチする──。

三キロ地点。最初《さいしょ》のエイドステーションが見えてくる。コースにはほぼ三キロ置《お》きに全部で一六カ所のエイドステーションが設《もう》けられている。「水分補給《すいぶんほきゅう》はまめに」と、稲葉《いなば》さんのアドバイスで合意ができている。それでも兄は「このまま走りたい」と無言《むごん》でアピールしている。

「水分補給《すいぶんほきゅう》！」

稲葉《いなば》さんの声が飛《と》ぶ。

普通《ふつう》のランナーならば、走りながら片手《かたて》で紙コップを受け取って水分を補給《ほきゅう》できる。が、両手にロフストランドクラッチをはめている兄は、どうしてもいったん立ち止まり、片方《かたほう》のクラッチをはずさなければ水を飲むことができない。

「そうか、止まらなきゃいけないのか。いま、いいペースなんだけどな」

兄は悔《くや》しそうに立ち止まるとクラッチをはずし、ボランティアスタッフから紙コップを受け取る。片手《かたて》で持った左右二本のクラッチでふらつく体を支《ささ》えながら、のどを鳴らして水を飲む。

給水中《きゅうすいちゅう》に、次々と後続《こうぞく》のランナーが兄を追い抜《ぬ》いていく。兄はそれが気になるらしく、水を飲みながら彼《かれ》らを目で追う。

〈兄だって、止まらないで給水《きゅうすい》できたなら……〉

両足のないハンデはこんなところにも、と思うと、私《わたし》の口からなぜか突然《とつぜん》、「ファイト！　ファイト！」という叫《さけ》び声が飛《と》び出す。なぜなのか自分でもわからない。立ち止まって水を飲んでいる兄に、なにゆえに〝ファイト〟なのか。とにかくなにかしら兄に声をかけずにはいられない。

兄は進み出す。

右！　左！　右！　左！　調子よく進み出す。

コース表示《ひょうじ》を見る。三マイル。

〈まだ五キロも走っていないの?〉

私《わたし》の内心に不安《ふあん》がつのる。不安《ふあん》になるとなぜかまた、

「ファイト！　ファイト！」

意味なく大きな声が飛《と》び出てくる。

まだ三マイル？…………勉《つとむ》

わかってはいた。

汗《あせ》を拭《ぬぐ》う。義足《ぎそく》を履《は》き直す。

その作業の間に、多くのランナーに追い越《こ》されていくことはわかっていた。だけど悔《くや》しい。自分はこれだけ一生懸命《いっしょうけんめい》走っているというのに、どうしてこんなに遅《おく》れてしまうんだ。

それでもしかたがない。中部《ちゅうぶ》トリムの三キロマラソンのとき、私《わたし》は一度だけ、つまり一・五キロに一度だけ休息を取った。が、それでも走り終わったときには、足が痛《いた》んでとても立っていられない状態《じょうたい》だった。四二・一九五キロのフルマラソンならば、最低《さいてい》でも二キロに一度は休息を設《もう》けて義足内《ぎそくない》の汗《あせ》を拭《ふ》かなきゃ足が大変《たいへん》なことになる。私《わたし》たち全員で合意して決めた休息だったが、それでも休息中に追い抜《ぬ》かれるのは悔《くや》しかった。

膝下《ひざした》から太腿《ふともも》にかけてをカバーするシリコン製《せい》のライナーという部分に汗《あせ》がたまる。ひっくり返すとボタボタ流れ落ちるほどに汗《あせ》がたまる。放っておくと皮膚《ひふ》がふやけて傷《きず》つきやすくなる。さらに、義足内《ぎそくない》で滑《すべ》って接続部分《せつぞくぶぶん》が回転してしまう。汗《あせ》を拭《ぬぐ》うのは、義足《ぎそく》のランナーにとってどうしても必要《ひつよう》なことだ。

休息のもうひとつの目的《もくてき》はクーリングだった。走っていると足が熱《ねつ》を持つ。熱《ねつ》をもったままの状態《じょうたい》で無理《むり》を重ねると、炎症《えんしょう》を起こす可能性《かのうせい》がある。そのため休息時には擦《す》れた部分を氷で冷《ひ》やす必要《ひつよう》があったのだ。

氷は義弟《おとうと》と稲葉《いなば》さんがリュックに詰《つ》めて持っていた。持参《じさん》した氷がなくなると、給水場《きゅうすいじょう》に着くたびにもらって補給《ほきゅう》していった。二人の奮闘《ふんとう》には本当に頭が下がる。が、お礼はゴールをしてからだ。

休息を重ねていると、途中《とちゅう》から走ることをやめたランナーにも追い抜《ぬ》かれるようになった。携帯電話《けいたいでんわ》で話しながら、走るとも歩くともつかない速さで進むおばちゃんたちにも抜《ぬ》かれてしまうのだ。私《わたし》はこんなに真剣《しんけん》だというのに、あの遊び半分のようなランナーにも負けちゃう……。

三マイル？　えっ、まだ三マイル地点なの？

迫《せま》るウォーカー集団《しゅうだん》…………智美《さとみ》

気がつくと、兄のシャツが汗《あせ》でびっしょり濡《ぬ》れている。まだ三マイルを通過《つうか》したばかりだというのに。

〈上半身がこんな汗《あせ》ならば、義足《ぎそく》の中は――〉

と、私《わたし》は考える。兄は八キロ、五マイル地点、ワイキキのホテル街《がい》を通過《つうか》するまで義足《ぎそく》を脱《ぬ》がずに走りたいという。

兄がそのまま走りつづけたいというのには訳《わけ》がある。マラソンランナーが全員スタートしたあと、同じスタート地点からレースデーウォーク一〇キロに出場するウォーカーたちがスタートしている。彼《かれ》らがドッと押《お》し寄《よ》せてくると、兄は大渋滞《だいじゅうたい》に巻《ま》き込《こ》まれてしまう。兄はそのことを懸《け》念《ねん》している。

ところどころにイルミネーションが輝《かがや》いているが、あたりはまだ漆黒《しっこく》の闇《やみ》。夜明けはまだ。

兄の汗《あせ》の多さに夫《おっと》も気づく。当然《とうぜん》、稲葉《いなば》さんは知っている。進行方向の歩道にベンチが見えてくる。稲葉《いなば》さんがいう。

「あのベンチで義足《ぎそく》を脱《ぬ》ぎましょう！」

「エッ？　もう？」

兄はあきらめのつかない表情《ひょうじょう》ながらも、ベンチに向かう。兄を座《すわ》らせて義足《ぎそく》のロックを解除《かいじょ》する。そして義足《ぎそく》から足を取り出し、足を覆《おお》っているライナーを脱《ぬ》がす。このライナーが残され、た足を覆《おお》い、義足上部《ぎそくじょうぶ》のお椀状《わんじょう》になっているソケットと呼《よ》ぶ部分とを密着《みっちゃく》させている。

ライナーはシリコンでできていて通気性《つうきせい》がない。またライナーは足の切断部《せつだんぶ》から大腿《だいたい》までを覆《おお》うので、どうしても内部に熱《ねつ》をもってしまう。

ライナーを脱《ぬ》がせ、中にたまった汗《あせ》を捨《す》てる。そしてライナーの内側《うちがわ》を吸湿性《きゅうしつせい》の高いスポーツタオルで拭《ふ》く。その間に稲葉《いなば》さんは、摩擦《まさつ》で熱《ねつ》が出て真っ赤になっている兄の足を、氷で冷《ひ》やす。

けっこうなタイムロス──。

稲葉《いなば》さんは兄の脈拍《みゃくはく》を取りながら、

「島袋《しまぶくろ》さん、義足《ぎそく》の調整はそのままでいいですか？　何か要望《ようぼう》はありますか？」

と、義足《ぎそく》の具合を兄に尋《たず》ねる。稲葉《いなば》さんのリュックには日本から持参《じさん》した義足調整用《ぎそくちょうせいよう》の工具が入っている。

休憩《きゅうけい》ポイントで熱《ねつ》をもった足を冷《ひ》やす

兄はウォーカーが気になって走ってきた方向を振《ふ》り返る。何人かの先頭《せんとう》集団《しゅうだん》につづいて大波のようなウォーカーの一団《いちだん》が見えてきた。

「ああ……きてしまった」

憮然《ぶぜん》としながらも、口元がゆるんでいる。追いつかれたのならしかたがない。未練《みれん》がましくなく、切り替《か》えが早いのも兄の美点。単《たん》純《じゅん》でもある――。

難関《なんかん》の一〇キロ地点…………勉《つとむ》

正直にいって、私《わたし》の精神的《せいしんてき》な緊張《きんちょう》は一〇キロ地点までもたなかった。肉体的《にくたいてき》にもそのあたりでいっぱいいっぱいになってしまった。

その理由は――決して他人のせいにはしたくないのだが――ウォーカーの群《む》れだった。スタートして三キロぐらいまではよかったのだが、五キロを過《す》ぎたあたりから、休んでいる間にウォーカーに追い越《こ》されるようになった。そこからウォーカーのゴールである一〇キロ地点までの間が難関《なんかん》だった。

ウォーカーの速度はあまりにも遅《おそ》くて、私《わたし》はなかなか前に出られない。ウォーカーたちはそれぞれのグループごとに横に並《なら》び、歩くと同時に会話を楽しんでいる。そのグループが何層《なんそう》にもなって連《つら》なっているので、前方がブロックされる格好《かっこう》になり、抜《ぬ》くことができない。普通《ふつう》のランナーなら、少しの隙間《すきま》を縫《ぬ》って駆《か》け抜《ぬ》けられるのだが、ロフストランドクラッチを使う私《わたし》は、クラッチをウォーカーに引っかけるのが怖《こわ》くて、思い切って抜《ぬ》き去ることができなかったのだ。

イライラ、ムカムカ、イライラ、ムカムカ——だらしのない話だが、レースに臨《のぞ》み張《は》りつめていた気持ちが、この五キロほどでプツンと音を立てて切れそうになってしまった。なんとか気持ちをふるい立たせようとするのだが、足の痛《いた》みも気になり始めた。ただ、投げやりにならないことだけを自分に言い聞かせた。

〈自分で始めたレースじゃないか。自分のために、妹《いもうと》夫婦《ふうふ》も稲葉《いなば》さんも懸命《けんめい》に努力《どりょく》していてくれる。投げやりになるな、あきらめるな。何のためにいまここにいるんだ〉

私《わたし》は自分自身に語りかけながらクラッチを前に、義足《ぎそく》を前に、運びつづけた。

五マイル——八キロを通過《つうか》する。あと二キロでウォーカーとはサヨナラだ。ワイキキビーチを走る。リゾートホテル群《ぐん》と砂浜《すなはま》を背景《はいけい》に一〇キロ地点を目指す——。

グッド・ジョブ！………智美《さとみ》

兄をはさんで右には夫《おっと》、左には稲葉《いなば》さん。そして私《わたし》が兄の前。しかしウォーカーたちの混雑《こんざつ》の中では、しっかりとしたサポート体制《たいせい》が取りにくい。両足義足《りょうあしぎそく》とはいえ、ロフストランドクラッチを使った兄の速度はウォーカーよりはるかに速い。兄のいらだちが手に取るように伝《つた》わってくる。

〈お願《ねが》い、追い抜《ぬ》かせて〉

しかしクラッチにウォーカーがつまずくことを考えると、とても簡単《かんたん》に追い抜《ぬ》いてはいけない。今《いま》はガマンのとき。ウォーカーに合わせて進むしかない。兄は悔《くや》しそうな表情《ひょうじょう》で黙々《もくもく》と走りつづける。

兄のシャツは汗《あせ》でビッショリ。常夏《とこなつ》の島とはいえ、まだ早朝。気温も上がっていない。稲葉《いなば》さんは兄の体が冷《ひ》えることを心配している。

「着替《きが》えのシャツはありますか?」

着替《きが》えのシャツが必要《ひつよう》だなんて考えてもいなかった。だって、マラソン中に着替《きが》えしている姿《すがた》なんて見たことある？　有森《ありもり》さんだって、Qちゃんだって――。

兄は大丈夫《だいじょうぶ》と答えている。

稲葉《いなば》さんは濡《ぬ》れたシャツで兄の体温が下がり、体調を崩《くず》すことを危《あや》ぶんでいる。走りながら地図を取り出し宿泊《しゅくはく》しているホテルの位置を確認《かくにん》し始める。ホテルに戻《もど》って着替《きが》えのシャツを取り、追いかけて合流すると、兄に話しかける。

「もうすぐ走れる状態《じょうたい》になるから」

兄は稲葉《いなば》さんを制《せい》している。一〇キロ地点がきてウォーカーがいなくなれば走ることができる。走れさえすれば体温の低下《ていか》はまぬがれる。兄は稲葉《いなば》さんを説得《せっとく》する。

ワイキキビーチが近づく。ウォーカーのゴールも近く、集団《しゅうだん》がだんだんとまばらになってくる。

「やっと走れるぞ！」

兄の表情《ひょうじょう》に生気が戻《もど》り、目の輝《かがや》きが増《ま》す。

沿道《えんどう》には観衆《かんしゅう》が立ち並《なら》んでいる。両足義足《りょうあしぎそく》を発見した観衆《かんしゅう》から盛大《せいだい》なエールが飛《と》んでくる。

大きな拍手《はくしゅ》がわく。チアリーダーが叫ぶ。

「Good job《グッドジョブ》！」

「That's nice《ザッツナイス》!」

ワォー、ヒュー、ワォー、ヒューヒュー。いったいどこから声を出してるの? 熱烈《ねつれつ》な声援《せいえん》に勇気《ゆうき》づけられて、パワーアップ。右! 左! 右! 左! クラッチを交互《こうご》に出してどんどん進む。

ワイキキビーチの路面は平坦《へいたん》で走りやすい。足を痛《いた》めるような凸凹《でこぼこ》もなく一直線に前進できる。兄は一気に加速《かそく》する。

ワイキキビーチを過《す》ぎる。レースデーウォーク一〇キロのゴール。ウォーカーの混雑《こんざつ》から解《と》き放たれ、気持ちが楽になる。一〇キロ地点を通過《つうか》すると、突然《とつぜん》、人の数が減《へ》る。ジョギングよりもスピードの遅《おそ》いランナー。止まっては走り、走り始めては立ち止まるランナー。悠然《ゆうぜん》と歩いているランナー。ランナーはポツポツと前方にいるだけ。ぶつかる心配もなく、視界《しかい》も開け、兄はうれしそうに走りつづける。

前方に腰《こし》かけるのにちょうどいい岩が見えてくる。

「あの岩でひと休み」

稲葉《いなば》さんがいう。ドクター命令は絶対《ぜったい》。兄は残念《ざんねん》そうな顔をしながら岩に向かう。稲葉《いなば》さんは兄の足を触診《しょくしん》、皮膚《ひふ》の状態《じょうたい》をチェックする。熱《ねつ》をもった足をアイシングしていると、後続《こうぞく》のランナーが私《わたし》たちを追い抜《ぬ》いていく。ワイキキビーチに座《すわ》り込《こ》みチョコレートを食べていたおばちゃんが、手を振《ふ》りながら先に行く。ノッシ、ノッシと象《ぞう》さんのような歩みの太っちょおじさんも通り過《す》ぎる。徐々《じょじょ》に人影《ひとかげ》が少なくなり、少し寂《さび》しい。

再《ふたた》び走り始めると、ダイヤモンドヘッドの上り坂。前方を見上げる。立ち止まっているランナーの後ろ姿《すがた》が見える。坂道は足に痛《いた》みが出やすいので要注意《ようちゅうい》。兄は上り勾配《こうばい》で足の骨《ほね》に衝撃《しょうげき》が伝《つた》わらないようにと、腕《うで》に力を込《こ》めて上っていく。私《わたし》は無意識《むいしき》のうちに、ファイト、ファイトと声を出してしまう。

稲葉《いなば》さんは一気に坂を駆《か》け上がり、ブロックのような石を横に倒《たお》して兄の座《すわ》る場所を作る。下り坂にそなえた休息をとるという。

前方に目を向けると、マラソンのゴールを目指すトップランナーたちが早くも戻《もど》ってくる。すでに四〇キロ近くを走ってきたランナーたちは、決して楽そうな顔ではない。それでも義足《ぎそく》のランナーを見ると、拍手《はくしゅ》と同時に〝グッド・ジョブ〟と声をかけてくれる。兄は痛《いた》みをこらえながら笑《え》みを返す。

勇気《ゆうき》をもらって…………勉《つとむ》

一〇キロ地点を過《す》ぎ、ダイヤモンドヘッドをまわり込《こ》むと、18番アベニュー。このコースでもっとも勾配《こうばい》のきつい下り坂が待ち受けていた。足への衝撃《しょうげき》をできるだけ避《さ》けたい。私《わたし》は一歩一歩、考えながら坂を駆《か》け下りていった。

ホノルル入りした日の午後にこの場所を下見したとき、18番アベニューの急坂を下りて右折《うせつ》したあたりで、一人の日系人女性《にっけいじんじょせい》に出会った。その日系人女性《にっけいじんじょせい》は、コースの下見に歩く私《わたし》の義足《ぎそく》に気がついて、家の窓《まど》から手を振《ふ》ってくれたのだ。そして、ちょうどベンチに座《すわ》って足を休めていたとき、妹に、

「マラソンに出るの？」

と、話しかけてきた。

「はい。この義足《ぎそく》で走ります」

妹は両足の義足《ぎそく》を指差《ゆびさ》して女性《じょせい》に見せた。それまで車椅子《くるまいす》で下見に周《まわ》っていると、応援《おうえん》

するといってくれる人はみな、私《わたし》が車椅子《くるまいす》レースに出るものと思い込《こ》んでいた。それで妹は、いわずもがなとは思いながらも、はっきりとフルマラソンとつけ加《くわ》えたのだ。女性《じょせい》は驚《おどろ》いたように目を見開き、

「両足義足《りょうあしぎそく》で？」

と、私《わたし》に問い返してきた。私《わたし》は格別《かくべつ》の笑《え》みをつくってうなずいた。女性《じょせい》はさらに妹に向かって、

「あなたもいっしょに走るの？」

と、笑顔《えがお》で尋《たず》ねた。

「兄の伴走《ばんそう》でいっしょに走ります」

女性《じょせい》は、ほほえみ返す妹の手を両手でギュッと握《にぎ》ると、

「すばらしい。本当にすばらしい。がんばるのよ。必《かなら》ず家の前で応援《おうえん》するからね」

目にうっすらと涙《なみだ》を浮《う》かべて語りかけた。

その日系人女性《にっけいじんじょせい》の家は、もうすぐのはずだった。妹に時間を聞くと、すでに九時だという。走り始めて四時間。ほとんどのランナーは先を行き、私《わたし》の近くのコース上にいるランナーはみなフラフラ、あるいはヨロヨロ歩く人たちだけだ。

妹が女性《じょせい》の家の前にさしかかった。姿《すがた》が見えない。窓《まど》にも人影《ひとかげ》がない。

〈そりゃあそうだ。時間が時間だもの〉

と、通過《つうか》した、その直後、

「ウォッ！」

大きな感嘆《かんたん》の叫《さけ》びとともに、庭先から女性《じょせい》が駆《か》け出してきた。

「朝からずっとあなた方を探《さが》してたのよ。よかった。会えてよかった」

立ち止まるわけにはいかない私《わたし》は、精一杯《せいいっぱい》の笑顔《えがお》を女性《じょせい》に向けて、そのまま走り過《す》ぎた。

後方で妹の声がする。「ありがとう。ありがとう」。妹の声は少しふるえているようだった。

私《わたし》は二人が抱《だ》き合っている様子を思い浮《う》かべ、さらに前進した。

〈走りつづける勇気《ゆうき》をもらったな〉

と、思いながら——。

いいのよ、リタイヤしても……………智美《さとみ》

ほんの数日前に、たった一度すれ違《ちが》っただけの日系人女性《にっけいじんじょせい》が、まるで旧来《きゅうらい》の友人のように私《わたし》を抱《だ》きしめてくれる。「気をつけてね」「マイペースでね」「お兄さんをサポートしてあげてね」——私《わたし》はその場で足踏《あしぶ》みをしながら、大きく両手を広げて女性《じょせい》と抱《だ》き合う。兄はどんどん進んで行く。私《わたし》は感動をかみしめる余裕《よゆう》もなく兄を追いかける。

〈ああ、これがホノルルマラソンなのね〉

と、出会いに感謝《かんしゃ》しながら。

下見でコースを視察《しさつ》したときと同じ道が、とても長く感じられる。カラニアナオレ・ハイウェーの手前にショッピング・センターが見えてくるはず。ロフストランドクラッチのグリップで手を痛《いた》めないようにと、兄のグローブを買ったショッピングセンターが……。

センター内のスポーツショップで、兄はスタッフから車椅子《くるまいす》レースに出るのかと、声をかけら

れた。

「ノー、フルマラソン」

兄の答えに店員は、ガッツポーズをつくって大声で叫《さけ》ぶ。

「ブラボー!」

あっという間に店内のスタッフやお客さんが集まってくる。そして、兄にこの場で走ってみせてくれという。私《わたし》も「見せてあげて」と応援《おうえん》する。お調子者の兄は、胸《むね》を張《は》って〝OK!〟。広い店内をさっそうと駆《か》けまわる。店内に拍手《はくしゅ》が鳴り響《ひび》き、みんなで大笑《おおわら》いをしたのは、ほんの二日前のこと。それがずっと昔のことのように感じられる。

そのショッピングセンターがとても遠く感じられる。そして、ゴールもまたはるか彼方《かなた》に思える。いや、実際《じっさい》にまだまだうんと先のこと。ハイウェーをハワイカイに向けておよそ六キロ。ハワイカイを周回《しゅうかい》してハイウェーを折《お》り返す。それからカラハ地区へ。そしてダイヤモンドヘッドを上る……先のことを考えると胸苦《むなぐる》しい思いがしてくる。

〈大丈夫《だいじょうぶ》なの、お兄ちゃん。本当にこのままつづけるの? いいのよ、リタイアしても。ここまで走っただけでも立派《りっぱ》なんだから……〉

しかし、弱気なのは私《わたし》だけのよう。

「義兄《にい》さん、グローブを買ったショッピングセンターが見えてきましたよ」

兄を励《はげ》ます夫《おっと》の声がする。

「おう！　ハイウェーはもうすぐだ」

まだまだやる気の兄が元気に応《おう》じている。

〈弱気になっちゃだめね。本人があきらめようなんて、ちっとも考えていないんだもの〉

私《わたし》の気持ちは、少し明るくなる。それでも先は長い……。

声援《せいえん》の力…………勉《つとむ》

一七キロ地点通過《つうか》。

カラニアナオレ・ハイウェーに入る。

路面は平坦《へいたん》で直線。足も腕《うで》もかなり疲《つか》れていたが、走りやすい道路になってまたまたやる気が満《み》ちてきた。と、ハイウェーの対向車線を折《お》り返したランナーが走ってくる。そのみんなが義足《ぎそく》の私《わたし》を見て、拍手《はくしゅ》しながらすれ違《ちが》っていく。みんなが声をかけてくれる。一〇キロまでがいばらの道なら、このハイウェーはまさに楽園。元気もりもりで私《わたし》のスピードもりもりアップ。二キロごとの休息がわずらわしいくらいだった。

対向するランナーの数はどんどん増《ふ》えてくる。私《わたし》への声援《せいえん》も多くなる。グッド・ジョブ、グッド・マン、ナイス・ガイ、アロハスピリット、ナイスランナーｅｔｃ。これまでの人生で、私《わたし》は人様《ひとさま》にこんなに好意的《こういてき》な言葉をかけられたことはない。私《わたし》はさらに元気づき、妹たちを置《お》き去りにするように速度を上げた。伴走《ばんそう》の三人の息づかいが荒《あら》くなるのがわかった。

　前方からいかにも疲労困憊《ひろうこんぱい》といった表情《ひょうじょう》のランナーが下を向いて走ってきた。と、周囲《しゅうい》のランナーたちが私《わたし》に声援《せいえん》を送るのに気づくと、彼《かれ》は拍手《はくしゅ》をしながら私《わたし》に近寄《ちかよ》ってきた。「グッド・ジョブ！」。彼《かれ》は右手の親指を立て、何度も何度も私《わたし》の目をのぞき込《こ》むのだった。

自分の疲労《ひろう》よりも、障害者《しょうがいしゃ》への激励《げきれい》を優先《ゆうせん》させる、その人柄《ひとがら》に、私《わたし》は素直《すなお》に感動した。

兄へのエールに感謝《かんしゃ》…………智美《さとみ》

ハイウェーに近づくと沿道《えんどう》には、折《お》り返してきたランナーを元気づけるバンド演奏《えんそう》がある。そのバンドが兄の義足《ぎそく》に気づく。演奏《えんそう》をやめ、

「Aloha《アロハ》！ Aloha《アロハ》！」

と声をかけてくれる。そしてやにわに「アロハ・オエ」の演奏《えんそう》を始める。私《わたし》たちは、それに大きく手を振《ふ》って応《こた》える。疲労感《ひろうかん》が抜《ぬ》け、さわやかな気持ちで私《わたし》たちは駆《か》けつづける。

それにしても〝声援《せいえん》〟というのはこんなにも〝力〟を持ったものなのか。対向ランナーのひと声ひと声が、まるで筋肉細胞《きんにくさいぼう》に活力を注入してくれたかのように、兄の体内から不思議《ふしぎ》な力がわく。ありがとう、みなさん。サンキュー、エブリボディ。声にこそ出せないが、兄は頭をきっと上げ、顔を正面に向け、可能《かのう》な限《かぎ》りの笑《え》みを浮《う》かべることで、みんなの声援《せいえん》に応《こた》えている。私《わたし》も、夫《おっと》も、稲葉《いなば》さんも、大きな声で〝サンキュー！〟を連発《れんぱつ》する。

予想さえしなかった多くのランナーたちの激励《げきれい》と声援《せいえん》に、私《わたし》は心から感謝《かんしゃ》する。両足義足《りょうあしぎそく》で走

りつづける兄と、兄を励《はげ》ます肌《はだ》の色を異《こと》にするたくさんの人々。私《わたし》は、これが現実《げんじつ》なのか、夢《ゆめ》なのか、わからなくなってくる。

ハイウェーに入る前、あれほど胸苦《むなぐる》しく思われたレースが、とても清々《すがすが》しく感じられる。兄に駆《か》け寄《よ》って声をかけていく人たちの目の色には、兄への、障害者《しょうがいしゃ》への同情《どうじょう》の色がない。いたわりの色はあっても、あわれみの色はない。むしろ、感謝《かんしゃ》の色さえうかがえる。両足義足《りょうあしぎそく》でマラソンに挑戦《ちょうせん》している兄に、元気づけられたと語りかける色がある。ランナーが兄に贈《おく》るエールは、走ることで彼《かれ》らに無言《むごん》のエールを贈《おく》りつづけている兄との、交換《こうかん》のエールのように思える。ひょっとして兄は、初めてのフルマラソンなのに、体中からマラソンスピリットを発散《はっさん》させているのかもしれない。

中間地点。兄は五時間二七分五六秒で通過《つうか》する。

折《お》り返し点、ハワイカイの三キロの周回《しゅうかい》コースに入る。ハワイカイの水と緑の美しさは、私《わたし》も本で読んで知っている。兄も出発前からこの美しい風景《ふうけい》の中を走るのを楽しみにしている。

〈ああ、そのハワイカイまでやっときた〉。そう思うと私の心は弾《はず》む。が、兄の疲労《ひろう》は明らか。それでも、

「ほら、あのハワイカイなのよ。周回《しゅうかい》してハイウェーを戻《もど》ればゴールに向かうよ」

「よし、行くぞ！」

兄は両目に力を取り戻《もど》し、周回《しゅうかい》コースを走りつづける。

車道が走れない…………勉《つとむ》

「えーっ！　だれもいないじゃない」

ハワイカイの周回《しゅうかい》コースを走り始めると、それまでと状況《じょうきょう》が一変《いっぺん》した。対向ランナーがいなくなったのだ。それもそのはずだ。私《わたし》たちも二五キロの折《お》り返し点を通過《つうか》したのだ。さきほどまですれちがうランナーたちがかけてくれていた拍手《はくしゅ》と声援《せいえん》が、まったくなくなった。私《わたし》たちは、ただのレース最後尾《さいこうび》のランナーになったのだ。もちろん、さっきまでだって最後尾《さいこうび》だったのだが……。

「あれっ、車が走ってくる」

歩道《ほどうよ》寄りには水勾配《みずこうばい》があるので、私《わたし》は車道中央の平面を選《えら》んで走ってきたのだが、なんと車道に自動車が走っている。

「まずいな、交通規制《こうつうきせい》が解除《かいじょ》されたらしい」

と、義弟《おとうと》がいう。稲葉《いなば》さんの表情《ひょうじょう》がくもった。

敵《てき》は歩道と交差点《こうさてん》…………智美《さとみ》

車道を走れなくなると、当然《とうぜん》、歩道を走らなければならない。兄の義足《ぎそく》にとってこれが難題《なんだい》だった。この緑の多い美しい住宅街《じゅうたくがい》の道路には交差点《こうさてん》が多い。が、この交差点《こうさてん》が義足《ぎそく》の大敵《たいてき》。歩道から車道に降《お》り、また車道から歩道へと上らなければならない。そのつど、小さくはあっても下りと上りの勾配《こうばい》をクリアしなければならない。義足《ぎそく》から足に伝《つた》わるショックが大きくなり、これまで以上《いじょう》に足を痛《いた》めるのは必至《ひっし》。

さっきまでの拍手《はくしゅ》や声援《せいえん》を受けての浮《う》かれ気分は吹《ふ》き飛《と》ぶ。

コースに自動車が入ってくるので、しょうがなく歩道を走り始めていると、車道を行く車がクラクションを鳴らす。対向車線のランナーの声援《せいえん》に代わり、今度は車のクラクションが励《はげ》ましてくれる。が、兄の足のしびれはどんどんとひどくなっている様子。それとロフストランドクラッチを握《にぎ》る両手にできたマメがつぶれている。

さらに兄にとって、トイレが苦痛《くつう》の種《たね》。全コースに一二カ所設置《せっち》された仮設《かせつ》トイレは、ほとんどがコース沿《ぞ》いの公園の芝生《しばふ》の中。だいたいがコースから下った場所で、この斜面《しゃめん》を歩くのが苦《く》痛《つう》のよう。そして芝生《しばふ》のでこぼこも義足《ぎそく》にはこたえる。芝生《しばふ》の上はでこぼこがわかりにくく、ちょっとした拍子《ひょうし》にくぼみで足が取られてしまい、そのつど切断部《せつだんぶ》の骨《ほね》に衝撃《しょうげき》が響《ひび》くよう。やっとトイレにたどりついても、それからがまたやっかい。用を足す間は、クラッチを離《はな》して手の力を借《か》りずに立っていなければならない。両足《りょうあし》の断端部《だんたんぶ》はすでにしびれているので、頭を壁《かべ》につけ、頭で体をささえるしかない。ほんの短い間なのだが、全体重が、走りつづけたことで痛《いた》みを発しているふたつの切断部《せつだんぶ》にかかり、悲鳴をあげそうな表情の兄。このトイレ往復《おうふく》で生じた痛《いた》みは、次の走り出しにかなり影響《えいきょう》を及《およ》ぼす。

歩道の路面の思った以上の走りにくさに、兄の足の骨《ほね》には、突《つ》き上げるような痛《いた》みが出ているよう。予想外の事態《じたい》に、夫《おっと》も稲葉《いなば》さんも口数が少なくなる。私《わたし》の気持ちもしぼむ。

〈ハイウェーで抱《いだ》いた希望《きぼう》が、歩道の現実《げんじつ》に押《お》しつぶされそう。だけど、足に痛《いた》みが出るのはハイウェーも歩道も同じなはずよ。明るく走れたハイウェーが現実《げんじつ》ならば、苦しく進む歩道も現実《げんじつ》。〝現実《げんじつ》を受けとめて、いまできることをしよう〟というのは、事故以来《じこいらい》の私《わたし》たちの基本的《きほんてき》な姿勢《しせい》じゃなかった？〉

私《わたし》は自分にいい聞かせ、またまた〝ファイト！〟を連発《れんぱつ》する。

時間は昼近い。太陽は空の高みに昇《のぼ》り、サンサンと輝《かがや》く日差《ひざ》しを降《ふ》りそそぐ。気温もどんどん上っている。

歩道を走るようになって、兄の休息回数は予定した以上《いじょう》に増《ふ》えた。痛《いた》みがひどいので義足《ぎそく》を何度も脱《ぬ》がせて、足のケアをする。その間に給水《きゅうすい》をしてきたので、飲料水《いんりょうすい》が切れる。人気のない静《しず》かな住宅街《じゅうたくがい》を見わたす。日本のようにコンビニエンス・ストアもなければ、自動販売機《じどうはんばいき》もない。住宅街《じゅうたくがい》とあって公共《こうきょう》の施設《しせつ》もない。

と、歩道沿《ほどうぞ》いの住宅《じゅうたく》の窓《まど》に女性《じょせい》の影《かげ》。すかさず夫《おっと》が駆《か》け出す。ペットボトルに水をいただけないか、大きな声でお願《ねが》いする。女性《じょせい》は両足義足《りょうあしぎそく》の兄に気づいて、

「グッド・ジョブ!」

冷蔵庫《れいぞうこ》で冷《つめ》たく冷《ひ》えた水を、ペットボトルに満《み》たしてくれる。次のエイドステーションまで、これで大丈夫《だいじょうぶ》——。

どこまで行っても「もう少し」…………勉《つとむ》

カラニアナオレ・ハイウェーの標識《ひょうしき》が前方に見えてきた。周回《しゅうかい》コースにサヨナラできる。やっと歩道が終わる。苦しい歩道から解放《かいほう》される。ハイウェーの車道を走れる――。と、喜《よろこ》びはつかの間。ハイウェーに戻《もど》ると両車線を車が行き交っていた。そうだよな、私《わたし》の予定タイムより、すでに倍の時間が過《す》ぎ去っている。全コース規制解除《きせいかいじょ》も当然《とうぜん》だよな……。

エイドステーションに向かうと、ボランティアスタッフの大きな拍手《はくしゅ》に迎《むか》えられた。

「朝から応援《おうえん》していました。スゴーイ！」

「がんばってください」

しばらく耳にしていなかった声援《せいえん》が、とても新鮮《しんせん》に胸《むね》に響《ひび》く。と、

「ゴールまであと少し！　がんばって」

との声。待てよ、まだ三〇キロ地点。まだ一二キロ余《あま》りもあるのに〝もう少し〟だなん

て。喜《よろこ》べないよな。それからのちのコース上で、「もう少し」のかけ声を何度耳にしただろうか。どこまで行っても「もう少し」。これにだけは、めげた。

ハイウェーを走る車からも声がかかる。クラクションが長く尾《お》を引いて私《わたし》を激励《げきれい》してくれる。窓《まど》から身を乗り出して、「グッジョブ！」「ナイスランナー！」「アロハスピリット！」etc……。ありがとう、ありがとう。

もう、走っているランナーは少ない。多くの人たちがピックアップカーに乗せられたり、救急車《きゅうきゅうしゃ》でレスキューされていった。走っているのは〝完走《かんそう》という自分だけの勲章《くんしょう》〟を目指す人たちだけだ。

エイドステーションのサービスも終了した。義弟《おとうと》はステーションに残《のこ》された氷の山に向かい、私《わたし》の足のアイシング用にパックにつめる。足を冷《ひ》やしていると見回りの救急《きゅうきゅう》パトロールが近づいてきた。車を止め、窓《まど》を開ける。

「何か助けは必要《ひつよう》ないか？」

「大丈夫《だいじょうぶ》、足を冷《ひ》やしているだけだから」

と答える。冗談《じょうだん》じゃない。リタイアと思われて強制的《きょうせいてき》に救急車《きゅうきゅうしゃ》に乗せられたりしたら、なんのために走ってきたのか意味がなくなってしまう。それからは、救急車《きゅうきゅうしゃ》を見かけるたびにドキドキした。

前方からハイウェーの清掃作業車《せいそうさぎょうしゃ》がやってくる。何人もの作業員が荷台に乗っている。紙コップの回収《かいしゅう》やステーション周囲《しゅうい》の清掃《せいそう》を行う。マラソンが終了する気配が濃厚《のうこう》に漂《ただよ》ってきた。私《わたし》はまだ走る、というのに……。

休息のたびに、体がふるえ始めた。痛《いた》みをこらえようと体に力を入れると、ガタガタと体が勝手にふるえ出すのだ。稲葉《いなば》さんの目つきが鋭《するど》くなった。私《わたし》は妹に時間をきく。

「大丈夫《だいじょうぶ》。暗くなってもゴールはゴール」

困《こま》る。明るいうちにゴールしなければ、ＤＶＤにゴールの勇姿《ゆうし》が映《うつ》らないじゃないか。

またまた救急《きゅうきゅう》パトロールの車が近づいてくる。「危険《きけん》だから乗れ」といわれたら、なんといい逃《のが》れようか。と、バナナとクッキー、そして飲料水《いんりょうすい》を持った隊員《たいいん》が降《お》りてきた。

〈ベストを尽《つ》くして。食料《しょくりょう》ならまだまだあるから〉

って感じ。アメリカだなあ、と思う。

長い午後……………智美《さとみ》

午前と同じハイウェーが、午後はとてもはるかな道のりに感じられる。ベンチに座《すわ》るのにも、兄はフラフラし始めている。眉間《みけん》にシワを寄《よ》せ、目を固《かた》くつむり、痛《いた》みをこらえながらライナーを脱《ぬ》ぐ。膝《ひざ》から上だけの体になった兄は、痛《いた》みでガタガタとふるえ出す。

「かわいそう……」

思わず言葉をもらす。つかず離《はな》れず、いつもは羨《うらや》ましいほどの距離感《きょりかん》で兄と接《せっ》している夫《おっと》も、自分の痛《いた》みであるかのように、胸《むね》にこぶしを当てている。

「かわいそうじゃないですよ。好《す》きでやってるんだから！　大変《たいへん》なのはつき合わされてる私《わたし》たちのほうですよ！　アハハ」

快活《かいかつ》な口調で、稲葉《いなば》さんが笑《わら》う。

みんなが苦しいとき、みんなが沈《しず》んでいるときに稲葉《いなば》さんは笑《わら》う。この人がいなかったらどうなっていたのだろう。私《わたし》は心の中で稲葉《いなば》さんに頭を下げる。それにしても、やっぱり兄は、「かわいそう……」。

「三五キロ地点、通過《つうか》！」

ハイウェーを下りて高級《こうきゅう》住宅街《じゅうたくがい》が広がるカハラ地区に向かう途中《とちゅう》で、地図を見ながら夫《おっと》が元気に叫《さけ》ぶ。

〈もうここまでこられたんだもの。悔《く》いはないよね。三五キロも走れたのよ。倒《たお》れてからリタイアなんてしてほしくない。倒《たお》れる前に自主的《じしゅてき》にレースをやめてほしい〉

ヨレヨレになって走っている兄を見て、義足《ぎそく》の着脱《ちゃくだつ》時《じ》に痛《いた》さでもらすうめき声を聞いて、私《わたし》はまた、兄のリタイアを望《のぞ》み始める。が、兄は、

「時間がかかりすぎている。ゴールする前に暗くなってしまう」

しきりと時間だけを気にかけている。私《わたし》は〝足の痛《いた》み〟を、兄は〝時間〟を——レースの当事者と伴走者《ばんそうしゃ》の、この大きなギャップはどうしても埋《う》まらない。

すれ違《ちが》う、あるいは追い抜《ぬ》いて行く車から指笛が鳴らされる。グッド・ジョブ！　グレート・ジョブ！　の声がかかる。スピードを落とし、

「君たちを応援《おうえん》するために探《さが》していたんだ」

と、わざわざ声をかけてくれる人がいる。高級住宅《こうきゅうじゅうたく》の窓《まど》から身を乗り出して、「グッド・メン！」と叫《さけ》ぶ男性《だんせい》がいる。兄に代わって私《わたし》は大きく手を振《ふ》り返す。

ダイヤモンドヘッドロードの上り坂が見えてくる。その急勾配《きゅうこうばい》に、私《わたし》はまた圧倒《あっとう》されそうな気持ちになる。

〈この坂を上れるだろうか？　これ以上《いじょう》の負担《ふたん》に、足は、腕《うで》は耐《た》えられるんだろうか？　大きな怪我《けが》をしないだろうか？　止めたほうがいいんじゃないかしら。本人の意思に任《まか》せて、本当にいいのかしら？〉

頭の中を不安《ふあん》が駆《か》け巡《めぐ》る。それなのに当人は、

「アミノバリューを置《お》いたエイドステーションは、もうないの？」

と、聞いてくる。コース上に一四カ所設置《せっち》されたエイドステーションのほとんどに、アミノバリューが置《お》いてある。水分とイオンを素早《すばや》く補給《ほきゅう》することができるアミノバリューを飲めば、この急坂をスイスイと上れるものと、兄は考えている。そんなぁ、ポパイのホウレン草じゃあるまいし――。

アシュリーとの出会い…………勉《つとむ》

義足《ぎそく》を脱《ぬ》ぐためにベンチに腰《こし》を下ろすのにも力が入らなくなった。尻餅《しりもち》をつくようにドスンと尻《しり》から落ちてしまう。と、稲葉《いなば》さんがいった。

「これからはライナーの汗《あせ》を拭《ふ》くのも島袋《しまぶくろ》さんがしたほうがいいですね」

ダイヤモンドヘッドロードの上りを目前に、稲葉《いなば》さんが突《つ》き放すような物言いをしたのには訳《わけ》があった。ロードを上り切り、そこを下るとすぐにゴールだ。ゴール直前で、サポーターが義足《ぎそく》のライナーを拭《ふ》いたり足を冷《ひ》やすのを助けているのを見られると、たとえゴールをしても完走扱《かんそうあつか》いにされないのではと、心配してくれたのだ。こんな痛《いた》い思いをして、最後《さいご》に〝自走にあらず〟と判断《はんだん》されたのじゃたまらない。私《わたし》は稲葉《いなば》さんの言葉にしたがい、痛《いた》む体でライナーを拭《ふ》き、大腿部《だいたいぶ》を冷《ひや》した。妹はそれを、複雑《ふくざつ》そうな表情《ひょうじょう》で見つめていた。

ダイヤモンドヘッドロードの頂上《ちょうじょう》に達《たっ》した。

そして眼下《がんか》に下り坂。

頂上《ちょうじょう》に立つと、ロフストランドクラッチに通した腕《うで》がガクガクとふるえた。

前方で、背《せ》の高い半ズボン姿《すがた》の黒人男性《こくじんだんせい》が妹に何か話しかけている。スラリとした長身で引き締《し》まった体。いかにもランナーといった姿《すがた》。彼《かれ》は妹のそばを離《はな》れて大きく拍手《はくしゅ》しながらまっすぐ私《わたし》に近づいてくると、体を折《お》るようにして私《わたし》に、

「いっしょにゴールまで走らせてくれ」

といった。私《わたし》はうなずき、静《しず》かに下りの一歩を踏《ふ》み出した。彼《かれ》はただ黙《だま》って私《わたし》の隣《となり》に並《なら》ぶと、疲労《ひろう》と苦痛《くつう》ですっかりスピードのおとろえた私《わたし》のペースに合わせて、エスコートするように走り出した。

ダイヤモンドヘッドロードのつらい下り坂が終わった。

黒人男性は歩道の路面状態《ろめんじょうたい》の悪さに気づくと、私《わたし》が車道を走れるようにと、ドライバーにコースを空けるように合図し始めた。いつしか黄色いシャツを着たサポーターの一群《いちぐん》が

私《わたし》といっしょに伴走《ばんそう》していた。黒人男性が、

「今日の夕陽は、最高《さいこう》の夕陽だ！」

と、両手を広げ、私《わたし》を元気づけてくれた。

体のふるえが止まらない…………智美《さとみ》

私《わたし》になにやら話しかけてきた見知らぬ黒人男性《こくじんだんせい》が、兄と並走《へいそう》するようにして坂を下り始めた。だれなんだろう？　なぜなんだろう？　私《わたし》は男性《だんせい》に話しかける。

「いっしょに走ってくださって、ありがとう」

「ぼくこそいま、素敵《すてき》な時間をいただいている」

男性《だんせい》はそういうと、アシュリー・ジョンソンと名乗って自己紹介《じこしょうかい》をする。私《わたし》も兄の名前や私《わたし》たちの名前をゼッケンを指差《ゆびさ》しながら彼《かれ》に教える。

アシュリーはこの朝、両足義足《りょうあしぎそく》で走る兄を見たという。さらに数日前からコースを下見している私《わたし》たちの姿《すがた》を見かけ、本当に走るのかと気にかけていたともいう。そして実際《じっさい》に走る様子に接《せっ》し、勇気《ゆうき》を与《あた》えてもらったような気がし、感謝《かんしゃ》の思いを伝《つた》えたくて迎《むか》えにきたのだと話す。

アシュリーはもう何時間も前にゴールをしたのだが、両足義足《りょうあしぎそく》のランナーがまだコースを走りつづけているというのを聞きつけ、いっしょに走りたくなってダイヤモンドヘッドロードの頂上《ちょうじょう》までできたのだという。

クラッチの邪魔《じゃま》にならないように兄から少し離れ、行き交《か》う車からの声援《せいえん》に笑顔《えがお》で応《こた》え、前方の障害物《しょうがいぶつ》を取り除《のぞ》き、アシュリーは兄と並《なら》んでロードを下っていく。

夕方になり交通量《こうつうりょう》がどんどん増《ふ》える。

アシュリーは交通整理を始める。歩道に乗り上げて駐車《ちゅうしゃ》しようとする車があると、兄の妨《さまた》げにならないように誘導《ゆうどう》する。住宅《じゅうたく》のガレージから車道に出ようとする車があると、走っていってドライバーにもう少し待ってくれるように頼《たの》み、振《ふ》り返って兄に前進の合図を送る。兄が通過《つうか》すると、待たせた車が安全に車道に出られるように指示《しじ》する――私《わたし》たちには心強いサポーターが一人、増《ふ》える。

アシュリーが兄にかけた「最高《さいこう》の夕陽だ！」のことばに私《わたし》が海側《うみがわ》を振《ふ》り向くと、夕陽に太平洋の波が金色に輝《かがや》いている。夫《おっと》も立ち止まって見とれている。

兄は路面に目を落とし、ひたすら二本の義足《ぎそく》を前に運ぶ。

「ねえ、お兄ちゃん、夕陽を見て！　とってもきれいな色」

兄は一言、

「沈《しず》まないでくれ」

といって路面から目を離《はな》さない。夕陽が沈《しず》まないうちにゴールしたいらしい。

「陽が沈《しず》むのを、止めたいね」

私《わたし》が語りかけると、

「そりゃ無理《むり》だ。だけどぼくが急げばどうにかなるさ……」

真面目《まじめ》な顔で路面に目を落としている。

稲葉《いなば》さんはダイヤモンドヘッドロードを下り終えると、一人でどんどん先に走り出し、リュックからビデオカメラを取り出して撮影班《さつえいはん》に変身《へんしん》している。

アシュリーは兄が足を運ぶ、その前方からかたときも目を離さない。

沿道《えんどう》で拍手《はくしゅ》をする人たちの目元で、涙《なみだ》が夕陽にキラリと光る。

前方を左へ曲がると、いよいよフィニッシュラインが待つカピオラニ公園。公園に入ると残《のこ》りはあと一キロ。

「ゴールゲートはどこ?」

兄がいう。

黄色シャツのサポーターが一時間ほど前に撤収《てっしゅう》されたと説明《せつめい》する。そして目印《めじるし》を指差《ゆびさ》し、あそこがゴールだと教えてくれる。

ゴール地点が明らかになったとたん、私《わたし》の体が突然《とつぜん》、ブルブルとふるえ始める。初《はじ》めて知る感覚《かんかく》。頭ではいまの状況《じょうきょう》がわかっているつもり。理性的《りせいてき》でいるつもり。それなのに体の奥底《おくそこ》から熱《あつ》いかたまりが込《こ》み上げてきて、熱《あつ》いのに肌《はだ》がぞくぞくして、体のふるえが止まらない。

約束《やくそく》を果《は》たそう…………勉《つとむ》

あれがゴールだと教えてもらったが、そこからが長い。足を踏《ふ》み出しているのにゴールが近づかない。まるでその場で足踏《あしぶ》みをしているようだ。気持ちはすでにゴールインなのに——。

ホノルル市警《しけい》の制服姿《せいふくすがた》が駆《か》け寄《よ》ってきた。パトロールカーを下りて応援《おうえん》にきたという。消防隊《しょうぼうたい》もやってきた。よくやった、すげえやつだといってくれる。が、私《わたし》は、〈いま倒《たお》れたら、もう立ち上がれないだろう〉と思う。

アシュリーは駆《か》け寄《よ》ってくる人々に、あきらめないスピリット、勇気《ゆうき》と力にあふれたランナーと、最大限《さいだいげん》の誉《ほ》め言葉で私《わたし》を称《たた》えている。

私《わたし》はいま祝福《しゅくふく》されている。

私《わたし》はいま約束《やくそく》を果《は》たそうとしている。

長野《ながの》の病院で看護師《かんごし》さんたちに宣言《せんげん》したマラソン。稲葉《いなば》さんからいただいたパラリンピックの写真に誓《ちか》ったマラソン。なによりも自分自身に約束《やくそく》した四二・一九五キロ——私《わたし》はいま約束《やくそく》を果《は》たそうとしている。

涙《なみだ》にかすむゴールライン…………智美《さとみ》

ゴールが間近い。前方を見る。

薄暗《うすぐら》くなり始めたゴール地点に、グリーンのシャツを着た二つの影《かげ》がぼんやりと見える。

母と義姉《あね》。

兄の体は前後にゆれている。踏《ふ》み出す一歩ごとに顔がゆがむ。

母と義姉《あね》が大きく手を振《ふ》っている。

私《わたし》の頬《ほほ》に涙《なみだ》がつたう。

「ゴールラインが見える?」

兄に尋《たず》ねる。

「カメラ、あった?」

兄はリハビリ記録《きろく》にするDVDカメラを、こんなときでも気にしている。兄らしいといえば兄らしい。こうして「自分」を見失《みうしな》わないから、いまここにいられるんだもの……。

みんな、笑《わら》ってくれよ…………勉《つとむ》

骨《ほね》がきしむ。

義足《ぎそく》の中で足が滑《すべ》る。

体が前後にゆれる。

腕《うで》がけいれんする。

前方にふたつの影《かげ》が立っている。

母と妻《つま》。

私《わたし》の周《まわ》りには、いつしかたくさんの人たちが駆《か》け寄《よ》り、私《わたし》の一歩一歩に合わせてゴールのカウントダウンを始めている。

妹が泣《な》いている。義弟《おとうと》も、稲葉《いなば》さんも目をうるませている。見知らぬサポーターたちも、みんな瞳《ひとみ》を濡《ぬ》らしている。アシュリーも涙《なみだ》を浮《う》かべて手を叩《たた》いている。

なぜ、なぜ泣《な》くの？

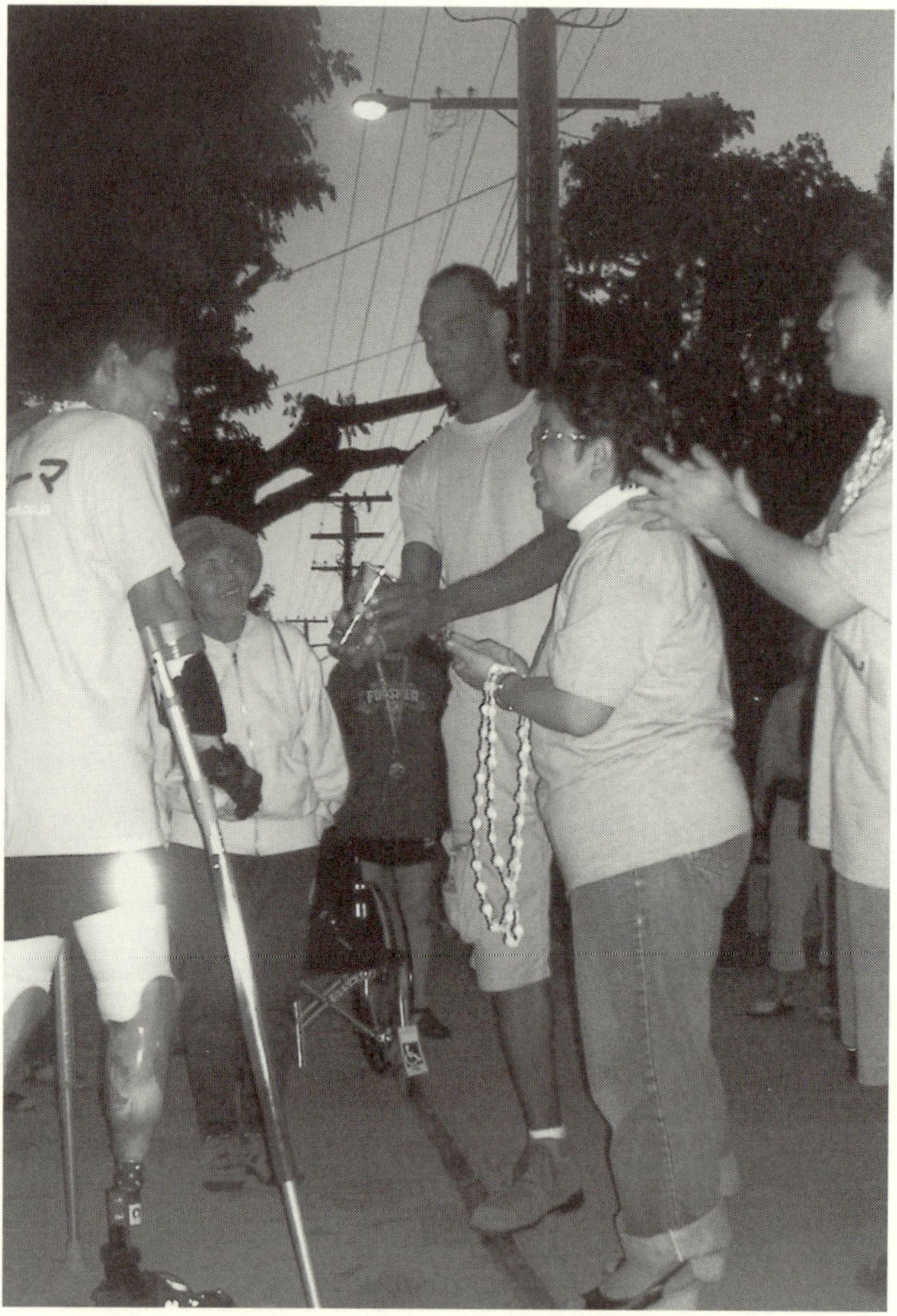

ゴール直後、母やアシュリーから祝福《しゅくふく》を受ける

笑《わら》ってよ。盛大《せいだい》に笑《わら》ってくれよ。
フルマラソンだよ。フルマラソンを走ったんだ。四二・一九五キロを完走《かんそう》したんだ。
私《わたし》は確《たし》かにマラソンを走った。
一二時間五九分二九秒をかけて。
両足義足《りょうあしぎそく》で――。

あとがき

私《わたし》が事故《じこ》に遭《あ》ったのは、会社を将来性《しょうらいせい》のあるインターネット事業に特化《とっか》するためアメリカ視察《しさつ》に行った、その帰りだった。希望《きぼう》に燃《も》えている時期だった。それが突然《とつぜん》の事故《じこ》で両足がなくなり、記憶障害《きおくしょうがい》が残《のこ》った。

将来《しょうらい》に対する大きな不安《ふあん》や、傷《きず》の激《はげ》しい痛《いた》みに悩《なや》まされつづけたが、私《わたし》にとって大きな問題は自分の体のことではなかった。家族や会社の保証人《ほしょうにん》などに迷惑《めいわく》をかけることのほうが大問題だった。私《わたし》は、それを回避《かいひ》するためにできることは何かと、考えつづけた。

病院で悩《なや》んでいても問題解決《もんだいかいけつ》にはならない。私《わたし》にいまできることは、退院《たいいん》し仕事に復帰《ふっき》したときに自分が責任《せきにん》を果《は》たしていくのに困《こま》らない準備《じゅんび》をすることだと思った。そのためには、それまで実際《じっさい》に見たこともなかった義足《ぎそく》の研究や、義足《ぎそく》でバランスをとる方法《ほうほう》を考えての練習、柔軟体操《じゅうなんたいそう》や筋力《きんりょく》トレーニングが必要《ひつよう》だった。そして、なによりも歩く訓練《くんれん》が重要《じゅうよう》だった。

周《まわ》りの人に「足がないのだから危険《きけん》」といわれようが、自分には果《は》たさなければならない責任《せきにん》がある。会社がつぶれてしまうと、一生かかっても返せない額《がく》の負債《ふさい》を抱《かか》えてしまう。が、この負債《ふさい》の大きさが、逆《ぎゃく》に私《わたし》の回復《かいふく》を助けたように思う。

決して投げやりになれない訳《わけ》があった。「足がない」ことなど理由にならない。急遽《きゅうきょ》、退《たい》院《いん》して会社に向かった。記憶障害《きおくしょうがい》があるからといっても、だれも私《わたし》の代わりをしてくれるわけではない。代わりがいないならば、記憶障害《きおくしょうがい》がある自分の状態《じょうたい》でやれる方法《ほうほう》を考えればいい。そう決意した。とはいえ、自信《じしん》があったわけではない。とにかく会社を立て直す方法《ほうほう》を考えた。難《むずか》しく考えるのではなく素直《すなお》に悪いところの原因《げんいん》を見つけ、徹底《てってい》して改《かい》善《ぜん》する方法《ほうほう》を考えた。

事故《じこ》後の新たな自分の身体的状況《しんたいてきじょうきょう》を受け入れ、認《みと》めたうえで、あきらめさえしなければ事態《じたい》は良《よ》くなると考えた。あきらめてしまったらそれまでだが、方法《ほうほう》を考えつづけながら、良《よ》い結果《けっか》になったいくつもの過去《かこ》の経験《けいけん》に思いを巡《めぐ》らした。いま、どんなに状態《じょうたい》が悪くても、自分の弱いところを認《みと》め、あきらめずに目標《もくひょう》に向かえば、良《よ》い結果《けっか》が得《え》られると、希望《きぼう》をもって——。

突然《とつぜん》の事故《じこ》による長期の入院生活には、深刻《しんこく》な問題がいくつもあった。しかし、どんなに状態《じょうたい》が悪くても、目標《もくひょう》に向かって挑戦《ちょうせん》していけば、結果《けっか》が得《え》られると確信《かくしん》していた。

周囲《しゅうい》のあたたかい助けや支《ささ》えがあって、苦境《くきょう》から脱《だっ》することができた。会社が危機的状《ききてきじょう》態《たい》から脱《だっ》したあとは、両足義足《りょうあしぎそく》となった自分にとっていちばん苦しいことである、長く歩くこと、走ることに挑戦《ちょうせん》し始めた。苦手なことや、できないことをなくす習慣《しゅうかん》をつけるために。

どんな苦しいときでも決してあきらめない練習のために始めたマラソン——。「両足がなく、記憶《きおく》にも障害《しょうがい》があるのにどうしてそこまでできるのか。話をぜひ、聞かせてほしい」と声をかけられ、講演活動《こうえんかつどう》も始めた。学校や行政機関《ぎょうせいきかん》、企業《きぎょう》等からの要望《ようぼう》に応《おう》じて、自分にできることはしようと決意した。私自身《わたしじしん》、事故《じこ》後に入院した病院で全盲《ぜんもう》の職《しょく》員《いん》の方に出会い、直接《ちょくせつ》に質問《しつもん》をして話ができた。全盲《ぜんもう》の方が目の見える職員《しょくいん》とともに働《はたら》き、信頼《しんらい》されながら責任《せきにん》を果《は》たしている姿《すがた》から勇気《ゆうき》を学んだ。その出会いに感謝《かんしゃ》している。その感謝《かんしゃ》の気持ちを、自分もそのようなスピリットを示《しめ》しつづけることによって表していきたい。

ホノルルマラソン後、バンクーバー国際《こくさい》マラソン、ゴールドコーストマラソン、ニューヨークシィティマラソンと四二・一九五キロのフルマラソンに挑戦《ちょうせん》しつづけている。

どんなに状況《じょうきょう》が悪くても、あきらめなければゴールできるというメッセージを込《こ》めて

――。

確《たし》かに私《わたし》の両足はなくなった。そしてなくなったことに伴《ともな》う痛《いた》みや不便《ふべん》さはある。

でも、残《のこ》されたたくさんの体の機能《きのう》にいま本当に感謝《かんしゃ》できる。失《うしな》った部分や不便《ふべん》さに目を留《と》めるのではなく、残《のこ》っている他の部分の働《はたら》きに感謝《かんしゃ》し、訓練《くんれん》し、強化する楽しみを味わいながら……。

自分の中にいつでも目標《もくひょう》をもつことにより、新たな自分への挑戦《ちょうせん》が始まる。

できることを考え、決してあきらめない。ゴールを目指して。

島袋《しまぶくろ》　勉《つとむ》

著者プロフィール

島袋 勉（しまぶくろ つとむ）

1963年4月沖縄県那覇市生まれ。
1983年4月20歳で会社創業。新システム開発により成長。
2001年4月アメリカのＩＴ事業視察の帰り千葉県にて事故に遭う。
両下腿切断。頭部挫創による高次脳機能障害（記憶障害）を負う。
2004年11月に両足義足で3キロトリムマラソン初挑戦。
同年12月（42.195キロ）ホノルルマラソンに挑戦。

株式会社ラシーマ　代表取締役
E-mail:shimabukuro@rasi-ma.co.jp

栗田 智美（くりた さとみ）

1967年1月沖縄県那覇市生まれ。
島袋勉の妹。事故後、兄の最初のリハビリから、ともに“伴走”を務めてきた。

株式会社ラシーマ　取締役
E-mail:kurita@rasi-ma.co.jp

〔株式会社ラシーマ〕
http://www.rasi-ma.co.jp

義足のランナー　ホノルルマラソン42.195kmへの挑戦

2005年12月15日　初版第1刷発行
2014年1月25日　初版第11刷発行

著　者　島袋 勉、栗田 智美
発行者　瓜谷 綱延
発行所　株式会社文芸社
〒160-0022　東京都新宿区新宿1－10－1
電話　03-5369-3060（編集）
03-5369-2299（販売）

印刷所　株式会社光邦

ISBN4-286-00798-7